教育としての健康診断

日本教育保健研究会健康診断プロジェクト=編

はじめに

　真に子どものためになる学校健康診断はどうあるべきか？　この問いが私たちプロジェクトの問題関心の焦点であり，本書のテーマである。

　1991〜94年にかけての一連の学校健康診断の改訂は，学校現場，とくに養護教諭の間にさまざまな議論と実践上の混乱を引き起こした。その主要な争点は，胸囲測定を必須項目から外したことや視力測定の3・7・0方式など，いわゆる「簡略化」の是非をめぐる議論にあったが，議論はそれにとどまらなかった。それを引き金に，「現在のやり方で本当に健康の診断に役立っているのか？」，「学校で行われている健康診断は子どもたちのプライバシーを侵害している恐れがある」，「そもそも健康診断は学校でやるべきことなのか？」など，さまざまな意見や疑問が出され，議論は混迷の様相を呈した。

　しかし，学校現場は，というより心ある養護教諭たちは，この混乱状況の中で，改めて学校健康診断とは何か，どんな健康診断が子どもにとって必要なのかを問い，それまでの自校の健康診断のすすめ方を見直し，子どもにとって意味のある健康診断に仕立てていく工夫を実践的に模索しはじめた。そのような自覚的な健康診断実践が'90年代中頃から数多く生み出されるようになった。

　私たち日本教育保健研究会では，このような議論の混迷と同時に自覚的な実践の動向を踏まえながら，学校健康診断の意義とそのあり方について，歴史的かつ理論的に，そして実践的に整理する必要を強く認識し，1997年4月に「健康診断に関する研究」プロジェクトを立ち上げた。そして，2年間の共同研究の成果を1999年3月の第6回日本教育保健研究会で報告した。本書の内容は，この共同研究の成果に基づいて再整理したものであるが，研究作業の成熟度からみて本書に盛り込むには時期尚早と判断して，掲載を断念した部分もある。また，いくつかの事情で刊行が遅れたため，実践部分については実践としての鮮度がいくぶん落ちていることは否めない。この点については，実践記録を掲載することに同意され，再度，実践記録をまとめ直してくださったプロジェクトメンバーの実践家の方々には大変申し訳なく思っている。この紙面を借りて深謝したい。

　しかしながら，これらの実践記録を含め，いくつかの理論的整理は，今後の学校健康診断をめぐる研究的な議論と学校現場での健康診断実践の発展に，十分に貢献する内容をもっていると判断し，上梓に踏み切ったしだいである。本書が，学校健康診断のあり方を考え，模索する研究者と実践家の方々にお役に立つことを心より念じている。

著者を代表して　　藤田和也

教育としての健康診断●目次

1 学校健康診断の意義と役割　7

　　［1］いまなぜ学校健康診断を問うのか　8
　　［2］学校健康診断の意義　9
　　［3］各項目の実施意義の検討－改訂された項目に関わって－　11
　　［4］「スクリーニングとしての健康診断」と「教育としての健康診断」　19

2 学校健康診断の教育的役割　21

　2-1 子どもや保護者を巻き込んだ健康診断づくり　22
　　［1］校医さんと話してみよう　23
　　［2］生活の仕方と健康診断をつなげる　30
　　［3］子どもの要求で学習環境を見直す　30
　　［4］健康診断と健康教育をつなげる　32
　　［5］子どもや保護者の受け止め方を探る　34
　　［6］まとめ　38
　2-2 子ども・担任・学校医・保護者と共に創る健康診断　40
　　［1］健康診断と学級指導「発育と個人差」をつないで　40
　　［2］健康診断で大事にしてきたこと　49
　　［3］子育てと教育をつなぐ健康診断　57
　2-3 一人ひとりの疑問や不安に答える「健康評価」を組み込んだ健康診断　61
　　［1］わいてくる疑問　61
　　［2］子どもの声に応じた取り組み　61
　　［3］「健康評価」をどう共有化するか　62
　　［4］中学校での「健康評価」試行実施　64
　　［5］小学校，高校での取り組み　64
　　［6］子どもからみた「健康評価」　65
　　［7］教育としての健康診断の実現に向けて　66
　　［8］小・中・高で連携した「健康評価」の取り組みから考えたこと　67
　　［9］取り組みから6年目を迎えて　67
　2-4 生徒の実態に合わせて実施し，トータルにケアする健康診断をめざして　74
　　［1］健康診断の取り組みにあたって　74
　　［2］ていねいに実施していく検診へ　76

［３］歯科治療を勧める取り組みについて　80
　　　［４］歯科検診の４年間の取り組みを振り返って　88
　　　［５］定期健康診断を生徒はどう評価しているか　89
　　　［６］トータルにとらえてトータルにケアする健康診断　90
　2-5　生徒が生きていくために得となる健康診断への模索　93
　　　［１］健康診断結果からみえる生徒たちの健康実態　93
　　　［２］生徒の健康実態の背景　94
　　　［３］健康診断がもっと生徒が生きていくために得となることをめざして　96
　　　［４］生徒が体の結果を受け入れることができ，生きていく援助を　99
　　　［５］プライバシーと生徒の権利　101
　　　［６］まとめ　102
　2-6　五つの実践が示唆するもの　103
　　　［１］「受けさせられている」のではなく，子どもが「主体的に受ける」健康診断へ　103
　　　［２］子ども主体の教育としての健康診断を求めて　104
　　　［３］一人ひとりの疑問や不安に答える「健康評価」を組み込んだ健康診断の取り組み　106
　　　［４］生徒の実態に合わせてていねいに実施し，トータルにケアする健康診断　108
　　　［５］生徒が自分の権利と思えるような健康診断をめざして　109
　　　［６］まとめ　111

3　見えてきた「子どものための健康診断」の実践像　113
　　　［１］'90年代実践の共通の特徴　115
　　　［２］子どもの人権・健康権を大事にした健康診断　115
　　　［３］子どもを主体にした健康診断　118
　　　［４］子どもたちのために養護教諭・担任・学校医・保護者らが連携しあう健康診断　121

4　戦後学校健康診断の歩みとその性格　129
　　　［１］戦後の学校健康診断の歩み　130
　　　［２］「健康診断調査研究委員会」が打ち出した健康診断の性格　133

5　これからの学校健康診断　141
　　　［１］理論的課題を探る　142
　　　［２］制度的課題を探る　149
　　　［３］実践的課題を考える　152

1

学校健康診断の意義と役割

1 学校健康診断の意義と役割

藤田和也(1, 2, 4)・山梨八重子(3)

[1] いまなぜ学校健康診断を問うのか

　学校健康診断をめぐっては，関係者の間で錯綜するさまざまな意見がある。たとえば，定期健康診断は大変な労力と時間と費用をかけて行っているが，個々の健診項目に果たしてそれだけの効果があるのかという疑問，健康診断は，本来，家庭や地域で子どもの健康を保障する一環としてなされるべきもので，学校はこれらの任務を必要以上に請け負いすぎているという意見，あるいはまた，現在の学校健康診断は集団健診の方法をとっているので，個人差を無視したり，個々の生徒のプライバシーを侵害するような一斉検診となっているという批判，さらには，学校健康診断に限らず，そもそも健康診断は，それが精緻になればなるほど個々人のからだの細部に分け入り，その欠陥を事細かにえぐり出して，必要以上に「異常」のラベルを貼り，差別や健康不安を増大させているという批判も聞かれる。

　これらの意見や批判は，それぞれに今日の学校健康診断の抱える問題点や弱点を一面ではついている。健診項目の適切さや効果については今後とも検証しつつ改善を図っていく必要があるし，プライバシー侵害や人権侵害の恐れのあるやり方については十分な配慮と工夫が必要であろう。しかし，だからといってそれらの問題を強調するあまり，不用意な縮小や後退，あるいは廃止につながるような議論は，けっして子どもたちのためにならない。

　たしかに学校健康診断は，戦前には国家の兵力管理の一翼を担ってきたという側面をもっていたことは否めないし，国の保健医療の安上がり政策を支える役割を果たしてきたという側面もなくはない。また，戦後は，家庭や地域の子どもの健康保護機能を代替し，補完する役割を果たしてきたこともまた紛れもない事実である。その意味では，子どもの健康状態の国家管理的色彩を弱めたり，子どもの健康管理機能を家庭や地域に戻そうという考え方が出てくることも一理あることである。しかしながら，日本の学校健康診断は，戦

前・戦後を通じて，その時々の子どもの発育や健康保護にとって重要な役割を果たしてきたことも厳然とした事実である。そしてそれが，子どもの健康を保護する社会的システムの一つとして機能し，日本社会に位置づいてきたという側面も見落としてはならない。

本書は，こうした基本的立場に立って学校健康診断のあり方を追究するものであるが，それでもなお，いま改めてその意義を問うのは，こうした一連の議論に対して一定の見解を示すことを意図するとともに，1990年代初頭に行われた健康診断の実施方法の改訂を契機として，学校現場に改めて「子どものための健康診断」を追究する自覚的で意欲的な実践が数多く生み出されてきており，こうした積極的な芽の中に，これからの学校健康診断の意義とあり方のヒントが読みとれるに違いないと考えたからである。

[2] 学校健康診断の意義

なぜ学校で健康診断をするのか

一見自明のような問いを改めて立てたのは，学校健康診断をめぐるさまざまな議論の根底にこの問いが潜在しているように思われるからである。いったい学校で健康診断をしなければならないという理論的根拠はどこにあるのか。学校保健法で健康診断の実施を学校に義務づけている根拠は何か，という問いである。

ひとたびこの問いを立てると，これに明解な回答を与えることが容易ではないことに気づく。健康診断を，いちおう子どもの健康・発育状態をとらえる（チェックする）ために行うもの，と必要最小限の規定をすると，これを学校でしなければならないという決定的理由は見つからない。こうしたチェックは本来家庭が行うべきもので，家庭で滞りなく行えるような施策を充実すべきであって学校がそれを代替する必要はない，という考え方をとることもできる。現にアメリカでは，州や学校区によって若干の違いはあるものの学校で行われる共通の健診項目はせいぜい視力測定，聴力検査，脊柱健診の3種で，日本のように精緻な健康診断を実施してはいない。おそらくアジアや欧米諸国と比較しても学校でこれほどていねいに健康診断を実施しているのはほとんど見られないだろう。

このように考えると，必ずしも学校で健康診断を実施しなければならないという理論的根拠はなく，学校以外の場で効果的に行えるような制度的整備がなされれば，それはそれで一つの方法であるといえる。要するに，子どもの健康や発育のプライマリーケアをどのような方法と場で保障するかは，その社会，その国の人々がどう考え，合意するかの問題である。日本の場合，学校健康診断の歴史は長く，1888（明21）年に文部省の直轄学校での「活力検査」の実施を規定して以来，少しずつ制度的整備がなされ，100年あまりを経て今日の制度に至っている。この間，第二次大戦前は主として国家の兵力管理の手段として使われ，大戦後は国の保健医療政策を補完する役割を果たしてきたという側面をもってい

たことは否定できないが，他面で，子どもたちの健康管理の国家的保障（すべての子どもたちが無償で健康診断が受けられる）という性格をもっていたことも事実である。現在の学校健康診断をめぐって，学校の請け負いすぎであるとか費用と時間と労力をかける割には臨床疫学的にみて効果が少ないといった批判や指摘があるものの，学齢期の子どもたちのほとんどが毎年かなり（諸外国に比して）詳細な健康診断を受けているという事実は，日本の子どもたち全体の健康保護に果たしている役割はけっして小さくないとみるべきであろう。

このようにみると，学校健康診断をはじめ校医制度や養護教諭制度も含めて，日本の社会は学校という場で子どものプライマリーケアを一定程度保障するシステムを長い歴史の中で作り上げてきたということができ，健康診断はその中の重要な一環であるということができる。

日本の学校健康診断の今日的意義

しかも，日本の学校健康診断は，それを単なる健康保護の活動にとどめず，先にみたように，それを教育的に展開して，子どもたちがそれを通して自己のからだの成長や変化に気づき改めてからだや健康についての認識を深める機会になるようにいろいろな工夫が積み重ねられてきた。とくにここ数年は，学校の定期健康診断の改訂をめぐってさまざまな議論があり，それを契機に，子どもにとっての学校健康診断の意義を改めて問い直しつつ，「教育としての健康診断」を実践的に追究するような自覚的な取り組みが豊かに生み出されてきている。

他方，近年の日本社会の疾病構造の変化とそれに伴う健康不安の増大は，学校健康診断の意義をいっそう高めている。日本の三大死因を占める癌，脳血管疾患，心臓病に代表されるように，今日の疾病脅威と健康不安は一人ひとりの生活の仕方のいくつかの要因が複合し，年月をかけて蓄積することによって生じるもので占められている。生活環境の改善と健康的なライフスタイルが重視されるゆえんである。このような健康的なライフスタイルの形成や生活環境の改善に向けて主体的に行動していける能力の形成は，生活習慣病の予防でも指摘されているように，学齢期からなされる必要がある。そのために，学校教育を通して自己の身体についての認識をしっかりともち，自分のからだの状態と生活の仕方との関係を振り返り，生活をコントロールしていける能力を育てることが求められる。健康診断は，そもそも，単に異常を発見するためにのみあるのではなく，健康診断を受けて自己の健康状態をとらえ，それをもとに自分の生活をコントロールしていくために役立てられるべきものである。学校健康診断の教育的展開，すなわち「子どもをからだや健康と生活の主体に育てる機会となるような活動」として展開されることが必要なのは，まさにこのためにである。

[3] 各項目の実施意義の検討 －改訂された項目に関わって－

　学校の定期健康診断で実施すべきものとしてあがっている項目には，多くのものがある。これらの項目を大まかに分類すると，①発育状態をチェックする項目（身体計測），②機能をチェックする項目（視力・聴力・色覚など），③生理的状態のチェックや疾病異常を発見するための項目（内科，眼科，耳鼻咽喉科，尿検査，心電図検査，歯科，結核検査，貧血検査など）となる。

　ここでは，それらの項目の中で，とくに平成6年12月の改正に伴って，議論が起きた項目について，医学的側面，発達発育的側面，教育的側面から検討を加える。

胸囲

　胸囲の測定はこの改正によって削除された。その理由は，胸囲の結果が子どもの成長発達という学習場面に還元しにくいこと，成長発達の診断や評価，さらには疾病の発見という資料として活用されてこなかったこと，現場での胸囲測定の煩雑さなどがあげられる。

　改正以前に，検討対象として上がっていることを意識しつつ，髙石は胸囲測定の意義について論じている[i]。髙石は，計測の誤差が発生しやすい事実を押さえながら，「小児保健，学校保健の分野においては，できるだけ正確な計測を行うことによって，体幹部の周径的大きさを示すことができ，利用価値はけっして低いものではない」と述べている。そしてこの測定結果が単に一つの計測結果として評価されるのではなく，身長など他の計測結果とクロスさせて評価することによって，発達発育の評価にとって有効なものとなると述べている。これまでそのような見方が十分になされなかった，言うならばこの測定結果について十分活用する研究がなされてこなかったことが問題であるという指摘もしている。このように他の計測値とクロスさせることで，発育発達の指標としての意義を明確にできたならば，胸囲計測データは，「胸郭の異常あるいは脊柱の異常がないか否かを多角的に検討できる」価値あるものとなると論じている。

　髙石は，胸囲の測定が内包している問題を2点にまとめている。一つは計測の難点をクリアすること，計測実施時の工夫，たとえば鏡を使って背中側の測定位置の確認，さらに思春期女子の乳房の隆起に伴う問題である。施行規則に示された文章「乳房が著しく隆起している女子については，尺帯を少しその上方に当てて」という表現の紛らわしさを指摘している。そして，胸囲計測が胸囲の大きさを測るものという原点にたてば，この「少しその上方」という表現は正しく理解できるものであるとしているが，表現の仕方について一層の修正が必要という考えを示している。

　今ひとつは，教育測定値のもつ発達評価の上での，価値性が研究検討されていない点を指摘している。それは「体幹上半部の周径の測定をどう意義づけるか」ということである。

胸郭，あるいは脊柱の異常，さらには「思春期発達についての指導上，腋毛の発生や女子の乳房発達について」の評価においても胸囲計測は身体変化を観察する上で貴重な機会であるというのである。

今回の改正で「計測しなくてもよい」となった胸囲について，現場では歓迎する声と一方でその必要性を唱える声が挙がった。必要であるという根拠は，髙石のそれとほぼ同じで，胸囲の計測値が体幹部の成長発達の重要な指標であるという考えである[ii]。身長などの体幹の長径だけが発達指標では不十分であるということである。このような背景には，現場でとらえる子どもたちが，身長は伸びていくものの，それに見合った体幹といえない体を見せていることへの危機感であろう。

胸囲測定の意義を発育発達的側面からみれば，髙石の主張するとおりその意義は大きい。しかしながら疾病の発見について言えば，脊柱の異常については，医師による内科検診時の検査があること，さらに胸郭の発達の観察も内科検診によって十分可能である。腋毛，乳房の発達の観察場面としても内科検診時で十分なし得ることであろう。さらに言えば，腋毛，乳房の発達を観察して，何をもって発育発達の判断基準とするかという点が示されていない状況では，観察にとどまるしかないだろう。このようにみると，やはり発育発達的評価の指標として有効な方法としての研究が十分でないという現状では，胸囲計測のこの側面での意義は脆弱であると言えよう。また心肺機能について言えば，測定技術が発達し，肺活量検査，レントゲンによる心臓検査，心電図などによって測りうる。これらが簡単に実施できない時代状況にあっては，胸囲測定が果たしていた役割は大きい。検査技術や測定技術の変化は，胸囲測定の意義を弱めてしまったとも言える。

以上の点から明確にでてくるのは，内科検診の充実である。求められるのは，一人ひとりていねいにじっくりと医師が観察し問診しながら展開する，時間的ゆとりとマンパワーではないだろうか。

保健指導や保健学習の教材やデータとしてみても，計測データは，単に平均との比較に終わってしまう。身長の伸びとそれに見合った体幹上部（筋肉や心肺）のバランスがとれた状態を，胸囲のデータと他のデータをクロスさせ示すことができるなら，それを教材として活用していくことができる。よりバランスのとれた体の発達をめざし，どのような活動や運動が求められるのか，そして自分の生活の中で，それらをどう組み込んでいくのかという生活処方を学ぶ学習だ。そこまでできたときに，胸囲測定の意義が教育的側面でも実現できるのではないだろうか。

座高

今回の改正で，胸囲とともに検討対象にあがった項目の一つが座高である。そして，結

果的には座高は計測項目の一つとして残った。

　胸囲とともに検討事項にあがった背景として，髙石[iii]は，正確な計測をするために要求される器具操作が煩雑であること，身長や体重に比して時間がかかること，計測の意義が不明確で現実利用価値が少ないことをあげている。しかし座高は，学校現場では適切な机いすの選択においては必要な数字であること，これらをふまえて姿勢教育が重要であることをあげている。さらに発育発達的見地からは，重要な臓器（頭部および体幹部）が含まれているので，「これらの発育状態の総合として座高の持つ意義は予想以上に大きい」と指摘している。また，身長の伸びる大きな要素が下肢長であるから，「個人差を含む遺伝的要因の検討やこれらに基づく健康管理の視点からは，長育の中でもむしろ身長よりも重視されるべきである」という意見があることも指摘している。医学的には，座高の計測値を使って，上節下節比【上節下節比＝座高／（身長－座高）】を算出し，それによって年齢との対比によってクレチン症，性早熟症などを発見する手がかりになるという研究成果もあると紹介している。髙石は以上の点から座高計測の有用性を強く訴えている。

　一方，現場からも座高計測の継続を主張する声があがっている[iv]。体格の発育発達のバランスを知る手がかりとしてだけでなく，「身体の成熟（子宮や卵巣などの骨盤内臓器）を正しく認識させる」という身体認識上でも大切と指摘する。また，「肢体不自由などの障害を持った子ども」では，内臓器官の発育を診る上で「とくに大切な指標」であり，座高の発育が停滞，もしくは低下しているかいなかによって，発育状態を判断できると指摘している。そして，「胸囲や座高の発育にもしっかりと目を向け，また，四測定を通して姿勢や骨格の成長の様子など人間としての発育状態をトータルにしかも経年的にとらえていくことが大切」と訴えている。

　これら測定の必要性を訴える主張を考えると，座高そのものの計測によって得られる情報がそれをもって代え難いものであるかいなかが問われる。一つは成長・発達の状態把握のデータとして不可欠であるかどうか，二つめに適切な机いすの選択基準として不可欠であるかどうかである。たとえば医学的な異常の発見につながるとしても，それはていねいな視診で察知できること，それらの異常の発現率がきわめて低いことを考え合わせると，視診段階でチェックされた子どもに限って計測し，上節下節比を算出するなどていねいな見方と分析を行うことが可能であろう。また，内臓の発達や身体の成熟（子宮や卵巣などの骨盤内臓器）が，座高の計測値から把握できるという科学的な根拠を示すだけの研究が少ない。さらに，身体の成熟をとらえるためには，初経の発現時期や乳房の発達，性毛の発毛状態などを一人ひとりていねいに問診し，内科的診察・視診と併せて総合的に判断する方法が有効ではないだろうか。

　座高は，より適切な机いすの選択の際の参考になるととらえられている。そのためには

座高だけでなく，下腿長や下肢長などを計測しいすの高さを決定することになる。しかし一般的に現場では，まず身長からおおよそ判断しさらに本人に実際に机いすを使用させて微調整している。とくに肥満傾向の子どもや大腿部の筋肉が発達している子どもなどの場合，必ずしも身長の数値だけでは適切な机いすを判定することはできない。そこで，適切な机いす選択に当たっては，身長を基準としながらも，それと前後するサイズの机いすを試用して決定する方法にしている。こうすれば，適切な選択は可能であろう。

　座高計測にかかる時間やマンパワーという効率性という点から見ると，その数値の活用性が低く，座高計測の存在意義が問われるだろう。それでもなお今回計測項目として踏みとどまったのは，やはり大きな点としては，適切な机いすの選択の基準としての価値性にあったと考える。さらに座高が他の計測との対比によって医学的な異常の発見の手がかりになる点であろう。ただし，もし上節下節比など他の計測値と組み合わせ，体格のバランスなどを把握する上でより有効な資料となるならば，そこまで数的な処理を行うことを求める必要がある。しかし，今回の改正でもそこまで踏み込んでいないのである。

視力

　視力の測定は長い間，屈折異常の種類の特定のために，柄付きレンズを用いての検査まで行うことになっていた。それが医療行為との関わりで削除された。さらに3点スクリーニング方式の採用，そして平成7年度からは，常時矯正している子どもについては，「検査に問題がある者や本人が希望しない場合は，裸眼視力の検査を省略できる」とした。これほど大きくその測定内容や方法が変わった項目はないだろう。

　検査の変遷で大きく変化したのは，平成4年の改正であろう。それはスクリーニング方式の採用である。「学校における視力検査の特性」をふまえて，1.0，0.7，0.3の視標によって，「視力1.0以上（A），1.0未満0.7以上（B），0.7未満0.3以上（C），0.3未満（D）の区分を用いて判定して差し支えない」とした。眼科医の小島靖朗はこのような三段階方式を採用した根拠として，諸外国での測定方法の採用状況をあげている[v]。

```
ロンドン………1.0，0.7，0.5
アメリカ………1.0，0.7，0.5
ドイツ…………1.0，0.7，0.5，0.3，0.1
台湾……………1.0，0.7，0.3
```

　氏は「学校での視力検査の特性」として，学校医の健診に先だって行われる「予診的検査」であること，計測者が専門家ではないこと，検査の場所や設備，測定技術に「大きな

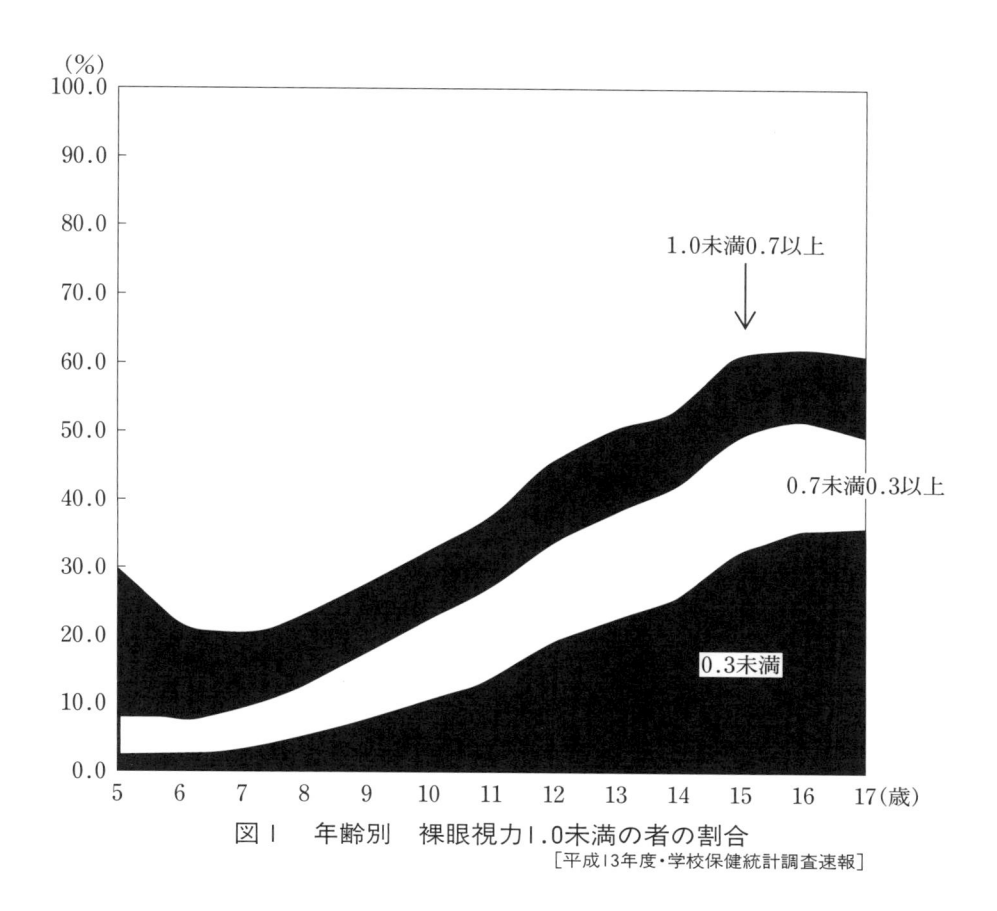

図1 年齢別 裸眼視力1.0未満の者の割合
［平成13年度・学校保健統計調査速報］

差」があること、さらに「児童生徒の、精神発達の未熟性のために、検査室や検査者の雰囲気によって視力が変動」しやすいことをあげ、0.1刻みの細かな測定にあまり意味がないとしている。そして「スクリーンの目を粗くして0.3, 0.7, 1.0の3つの視標にすることによって、却って、問題点を捉えやすくなる」と主張している。

　またこれら4指標に絞った背景には、教室の黒板の字が読めるかどうかを研究した成果に依拠していると説明している。それらの研究によれば、0.3は教室最前列で黒板の字が読める最低限の視力であり、0.7は教室のどこからでも黒板の字が読める視力、さらにテレビ、スライド、OHPなどの視聴覚機器の使用を考えると、最低限1.0の視力が必要であるとなっている。さらに発達段階をふまえて、小学校低学年では0.7以上、小学校高学年以上では1.0以上の視力が必要とも示している。

　視力の重要性は、学校現場では学習活動の成果を左右するものとして誰もが認識している。ただし検査の方法に時間がかかり、煩雑であること、計測が不正確になりがちであることなどがあげられる。そのために簡便でかつほぼ実態を把握できる方法として、3点視標での測定法が採用され、計測時間の短縮をも可能な方法として示された。

一連の改正に対して測定の簡便化を歓迎する意見もあれば，疑問の声もあがっている[vi]。とくに３点スクリーニング方式の採用への改正に対しては，実態にそぐわないとの声があがった。学校保健統計結果をみても，1.0未満の視力の子どもが半数近くおり，さらに0.3未満という子どもも多い。実態からみれば子どもの健康問題としては大きなものである（図１）。それらの実態をふまえ，視力の低下を予防するという視点からの学習への動機づけからみると，子ども自身が自分の視力を正確に知ること，視力の低下への問題意識をもたせにくいことなどからスクリーニング方式では十分ではないという主張である。コンピュータ社会の中で，子どもたちを取り巻く生活環境をみると，視力は大きな影響を受けているからである。さらに４つにふるい分け，後は家庭での医療機関への受診としているものの，実際にはそれが十分なケアにはつながっていない場合も現実には多く，放置されがちである。それはＡＢＣＤの示し方であると，子ども・保護者ともに視力への危機感が弱いようだ。

　今回の改正で現場から歓迎されたのは，計測の時間の短縮であろう。これは基本的には測定器械，マンパワーによって解決しなければならない問題である。それをスクリーニング方式による簡便化ですり替えてしまうのは問題ではないだろうか。より安価で，誰にでも計測できる測定器械の開発が求められるのではないだろうか。また視力計測に当たって，視力の悪い子どもにとって他の人の前で大きな声でやりとりをすることは苦痛である。計測機器を含め計測方法にも配慮が必要だろう。

　視力の計測に当たって，検討すべき点がいくつかある。それは左右の視力差が著しく大きいケースが目立つことである。これが生活上や学習上どのような影響を与えるのか，まったく問題がないのか検討が必要だろう。さらに現在測っているものが，静止した状態での視力である。体育などの場面を考えると，動く物体を見る力，動体視力なども考慮する必要があるだろう。運動場面で単に運動能力が低いというとらえ方ではなく，動体視力との関わりも大きいと思われる。発達という視点から見ると，乳幼児期からどのような教育的な配慮が必要なのかなどを明らかにするような研究も期待される。

　また低視力の子どもへの配慮として，座席の配慮がある。しかし低視力の子どもが多くなれば，必ずしもそれを保障することもできないのが実態だ。とくに1.0以下の子どもが眼鏡を使用するかどうかについて，最近は眼科医から経過観察中という診断をされる子どもが増えてきている。黒板やOHP，掲示物などの字の大きさなどについてもっと研究され，生活や学習上支障がないような環境が整備される必要があるだろう。

色覚
　色覚は，平成７年度から小学校４年生のみ実施となったものである。これは色覚の判定によって，進学進路などの選択に対して大きな影響があり，必要以上に差別化されること

が問題となっていた。色覚を発見したとしても，それを視力のように矯正し治療する方法はないことも，他の国で必ずしも検査項目に上がっていないことなど，検査の存在意義に疑問を投げかける声もあがっていた[vii]。また石原式色覚検査表そのものの問題もある。その問題として，小島はきわめて軽度で支障がないケースも色覚異常を判定されてしまうことや「正常者の約５％が異常と認定されること」をあげている[viii]。それ故に「社会的適応，職業選択の判断はできない」とされている。生活や学習場面で配慮するための資料という観点から，新しい検査方法も開発されている[ix]。同時に必要以上に厳しい進路・職業選択の規制に対して検討され，見直され改正されてきた。しかし現実にはまだ多くの偏見や差別があり，色覚問題はけっして解決したとは言えない。実際に色覚に問題があるとされた生徒や家族へのケアやカウンセリングが十分になされず，悩むケースも多い。

　そもそも色覚検査が導入された経緯を歴史的にたどってみると，軍隊の徴兵検査項目として開発され，それが学習現場に持ち込まれたものである。それが縷々継続して何の疑いもなく行われてきたといえる。近年，「どのような色で見えているか」は正確に厳密に見ればきわめて個性的で，色覚に問題なしと判定される人の中でも，見え方には差異があるとの研究も発表されている。そういう意味では色覚という世界は，個性的なもの，個人差が大きいものとしてとらえておく必要がある。言うならば「異常」ではなく，「身体特性」としてとらえる見方が必要だ。このような色覚を巡る議論や研究成果をふまえ，小島は，この検査の目的を一つに本人が自分の身体特性を認識すること，今ひとつは教育上での参考資料，すなわち教育活動において配慮するための資料とすることをあげている[x]。

　今回の改正に対して，実施時期も問い直す声が「特性」を持った人たちから上がっている。なかにはもう少し低学年から教育的配慮が必要という声である。当事者の声にも耳を傾け，何が求められているのか，我々は何をすべきかをしっかりと受け止めていく必要があるだろう。

　色覚検査のあり方はいろいろ考えられる。「特性」を把握して，教育活動上配慮できるようにしていく上でも検査を行う。ただし，検査の方法ではプライバシーを保護できるようなやり方で行う。そして結果を受けて，子ども・保護者へのケアや学習環境の見直しなどの策を行う方法である。もう一つは学校での健康診断項目からはずす。色覚に特性を持つ人たちが受けた心の苦しみ，精神的な負担を考えれば，「特性」ととらえてあえて学校という場で検査をななくてもよいだろう。ただい「特性」を有する可能性のある子どものみ，公的助成措置によって専門家による検査を行い，教育活動に置いて配慮する必要のある場合を保護者から通知してもらう。それで学校では配慮できる。その場合，子どもの発達保障・学習権の保障という点から，保護者に可能性のある場合専門家による検査を受けることの大切さを十分に理解できるような働きかけが必要である。色覚「特性」を持つ子どもがどの学校にも在学することを前提に，学習場面での色の使い方や組み合わせなど基準化

し，バリアーを取り除くことも大切だ[xi]。

　なお平成15年度から，色覚検査は学校の健康診断項目から削除される方向で検討・決定されていくようだ。この方向について賛否両論さまざまな意見が寄せられている[xii]。その中でも指摘されているように，指導上のケアや環境の整備などへの問題はまだ残されていることを関係者は自覚する必要があるだろう。そして健康診断の主体者が参加して検査項目を検討する場や機会をもっと設定していく必要性を，この色覚問題が示唆している。

今回の改正が積み残したもの

　今回の改正で，まったく手つかずになっていることがある。それが，「心の健康」である。これまで健康診断で対象とされてきた「健康」は，体に限局されている。WHOが示すところの健康を掲げながらも，その一部しか見ていないことになる。保健室から見ていても，アトピー性疾患などは精神的なストレスによってその症状が悪化したり，軽微になったりしていることがわかる。多くの疾病の発症や病態の推移に精神的な側面が密接に関わっていることを考えると，単に体だけを対象にした健康診断では不十分であろう。

　教育活動を担う学校という場で展開される健康診断を考える際には，心や人間関係，仲間関係などの社会的な健康も含めて，子どもたちの心身の健康をどのように育てていくのかを，実態とつきあわせながら検討していく必要があるだろう。その点では，今後子どもを対象とした心の健康をとらえていく手だて・その後のケアなどの研究[xiii]がなされる必要があるだろう。

---

i ）髙石昌弘「健康診断結果の読み方とそれに基づく指導(4)胸囲」保健の科学　第30巻　第9号　1988
ii ）全日本教職員組合養護教員部「私のめざす健康診断－理論編－」1995.1
iii）髙石昌弘「健康診断結果の読み方とそれに基づく指導(5)座高」保健の科学第30巻　第10号　1988
iv ）全日本教職員組合養護教員部「私のめざす健康診断－理論編－」1995.1
v ）小島靖朗「眼科学校保健の実際」小児内科　Vol.26 no3 1994-3
vi ）全日本教職員組合養護教員部「私のめざす健康診断－理論編－」1995.1
vii）色覚検査による問題については，多数の本が出版されている。ここではその一部を紹介する。またインターネット上でも活発に意見交流等の活動が展開されているので参照されたい。
　　http：//www.nbj.co.jp/pastel/koryu/disc1/index.html
　①高柳泰世「つくられた障害『色盲』」朝日新聞社　1996
　②高柳泰世「たたかえ！色覚異常者」主婦の友社　1998
　③日本色覚差別撤廃の会編「色覚異常は障害ではない」高文研　1996
viii）小島靖朗「眼科学校保健の実際」小児内科　Vol.26 no3 1994-3
ix ）仮性同色表，パネルD15テスト，アノマロスコープ，ランタン・テストなど。
x ）文部省「色覚問題に関する指導の手続き」（平成6年増補版）

xi) 赤緑色覚特性の人にも見えやすいチョークなども開発され始めた。
xii) 文部科学省が色覚検査を削除する改正案について意見を公募してインターネット上に,寄せられた意見が掲載されている。「『学校保健法施行規則の一部を改正する省令案』に関する意見募集の結果について」(http://www.mext.go.jp/b_menu/puplic/2002/02307.htm)
xiii) お茶の水女子大学と四附属校園で,現在研究を進めている。
「小・中学生のメンタルヘルス－尺度の作成と学校生活との関連－」お茶の水女子大学発達臨床心理学紀要2号　2000年

[4]「スクリーニングとしての健康診断」と「教育としての健康診断」

　90年代初頭の学校健康診断の改訂に向けて,文部省に設置された「健康診断調査研究委員会」(1987～1994)の委員長を務めた船川幡夫は,学校における健康診断の性格について述べ,次の4点をあげている。[*1] ①集団を対象としたスクリーニング,②日常的な健康観察と合わせて生活全般の中での健康評価,③結果を指導や教育へと展開していく教育活動の一つ,④効果的な学校保健の推進のための資料としての実態調査。いずれも学校健康診断の特徴をとらえているように思われるが,①と③の性格規定の間には,実践レベルで考えるとある種の矛盾を孕んでいるように思われる。ことに今回の(90年代前半の)改訂は実践上の矛盾を明らかに生み出している。

　船川は,先の説明で,①の性格をもつが故に「できるだけ効率のよいスクリーニングの技法を導入することが必要である」としている。この考え方に基づいたためか,今回の改訂では,視力測定は3,7,0方式(0.3,0.7,1.0の3段階刻みでの判定)に簡略化されたり,歯科検診でのう歯の表記についてカリエスの程度(C1,C2,…)を記載しないことになった。スクリーニングという性格からすれば効率的な方法かもしれないが,測定結果が大雑把なために子どもたちがその結果を知らされても前回と比べたときの変化がはっきりしないので,子どもたち自身がピンと来ない様子であるという。また,養護教諭としても個々の子どもの測定結果に即して個別指導が以前よりもやりにくくなったという声も多く聞かれる。このような簡略化は,測定結果の前回からの変化に即して保健指導を組んだり,個別指導をする点では必ずしも効果的な方法とは言えない。先の①の性格による効率化は,③の性格に基づく「結果を指導や教育へと展開していく」ことを困難にする結果を生んでいるのである。

　また,これまでの学校健康診断が集団健診として効率的な方法をとるあまり,十把一からげのような大雑把な検診になったり,流れ作業のような検診方法をとってきたために,「一人ひとりの生徒に即したていねいな検診」や「個々の生徒の違いやプライバシーに配慮した検診」がないがしろに,あるいは軽視されがちであったという,学校健診に対する

批判や反省とも矛盾する。今後の学校健診の充実の方向を考えると，全般的に生徒数の減少がいっそう進むことをも考慮に入れるならば，今後の学校健康診断は「マスを対象にして異常をピックアップするスクリーニングとしての性格づけではなく，できるかぎり一人ひとりの子どもが自分のからだの成長や状態を確かめ，新たな自分のからだと出会い，自分の疑問に答えてくれるといった，個を大事にした健康診断」[2]をめざすべきである。

　さらに，「教育としての健康診断」とは，健診結果をもとに後の指導や教育へと展開していくことだけを意味するのではなく，子どもたちが健康診断に主体的に参加するために，事前の段階での指導や準備を教育的に展開して実施につなぐ方法を工夫したりすることも含んでいる。この場合にも，個々の子どもの疑問や課題を明確にして検診に臨んだり，子どもたちの意見や希望を入れて実施の方法を工夫することが必要になる。そして，実施段階においても，それぞれの子どもたちの疑問に答えたり，自分のからだの変化に気づいたり確かめたりすることができるような配慮が求められる。学校健康診断のこうした教育的展開は，「スクリーニングとしての健診の効率化」の方向とは明らかに異なるものであると言わなければならない。

〈脚注〉
1) 船川幡夫「学校における健康診断の意義と課題」『スポーツと健康』第一法規 1992.5
2) 藤田和也「教育としての健康診断」『養護教諭の教育実践の地平』東山書房 1999

2

学校健康診断の教育的役割

2 学校健康診断の教育的役割

2-1
子どもや保護者を巻き込んだ健康診断づくり

宍戸洲美

　健康診断についての法改正が行われたことと相まってさまざまな議論が起こり，今まであまり問いなおすこともなく実施してきた健康診断について改めて考え直すきっかけになった。

　日本における健康診断の歴史を振り返ってみると，明治期に国の政策として始まり富国強兵政策が実施された時期には管理的な要素が強かったことは否めない。第二次大戦後，憲法がかわり民主主義の下で教育基本法が施行された。そこでは，健康診断を子どもの生存権や健康権の確立という関係で位置づけられた。しかし，〝健康診断の主体は子どもである〟という発想のもとに健康診断を実施しようという動きはなかなかでてこなかった。「身体検査」という呼び方そのものも，昭和33年まで改定されないできた。

　こうした中でも，子どもの立場に立ち「子どもの健康を守るために何が必要か」という視点で子どもたちをみてきた養護教諭の中には，健康診断を通して教育的な働きかけをしてきた人も多い。しかし，教育課程の改訂に伴い過密なスケジュールの中で，健康診断のための十分な時間保障が厳しくなってくると，教師や養護教諭の中には「学校での健康診断は不要である」とか，「家庭に返せ」という意見をもつ人もでてくるようになった。

　社会の変化に従い，子どもの健康や発達をどこで，だれが，どのように保障していくのかは，当然議論の対象になってもよいと思う。しかし，こうした議論もないまま，少なくとも今の段階で，一方的に子どもたちの健康診断を家庭に返して，どれだけ「充実した健康診断を保障できる家庭」があるのか。予防接種の法改訂以降の接種率の低下を見ても明

らかである。「家庭に返す」ためには，社会的な保障が伴わないかぎり子どもたちにとって不利になるのは目に見えている。

このような状況の中で，学校における健康診断が，本当に子どもたちにとって意味あるものになっているかどうかという問い直しをもう一度ていねいにやってみる必要がある。

成長期にある子どもにとっての健康診断は単なるスクリーニングではなく，
・発育，発達の視点でからだをみていく。
・自己のからだ認識を育てたり，生涯保健の立場から健康づくりを意識させていく。
・健康診断の主体は自分である，という思想を学びとらせていく。

などのことも，健康診断の重要な役割として位置づけていく必要がある。

今回はそんなことを念頭において，子どもや保護者に目を向けた取り組みの一端を紹介する。

[1] 校医さんと話してみよう

校医さんによる健康診断は，内科，歯科，耳鼻科，眼科と4回ある。子どもはその都度，校医さんの前にからだを開くわけであるが，今「自分がからだの何を診てもらっているのか」「診てもらうことにどんな意義があるのか」など，事前の保健指導は一通りしていても十分に理解できているかどうかの確認まではされていなかった。それよりも，「健康診断中はだまって静かに診てもらいましょう」というような，子どもよりむしろ校医さんへの気遣いを重視したり，子どもが何か聞きたくても聞けないような雰囲気と方法で行われてきたというのが本校の実態である。

校医さんの方も，集団検診ということで，一人ひとりの子どもの思いや疑問にそってからだを診るのではなく，ベルトコンベアに乗せられた子どもを数秒間で形どおり診ていく。こんな健康診断はいやだなと思っても，疑問をもつ教師はあまりいなかった。

教師は，校医さんに迷惑をかけないように「ぐずぐずしない」「からだの向きを変える順番は」などという指導ばかりに気を遣い，子どもがとても嫌な気持ちになっていることがわかった。とくに，礼儀作法に厳しい校医さんの検診の日になると，担任も子どもも何とかスムーズに校医さんの前を通過できることを最大の目標としていた。当然こんな健康診断はみんな好きになれず「今日の健康診断いやだなあ」というため息ばかりが聞こえてきた。

着任して始めての年であったが，礼儀作法に厳しい校医さんの前に出ると子どもたちが極度に緊張し，何を診てもらっているかわからない状態だった。そこで，途中で中断して校医さんと話し合った。「子どもがもう少しリラックスして受けられるように声をかけて欲しい。」「校医さんが診察しやすいように，担任から子どもに話すようにしよう」等々。立

ったままの子どもたちは一刻も早く終わらせたいという思いでいっぱいになり，子どもにとっても教師にとっても，本当に悲惨な健康診断であった。
「このままではいけない」翌年に向けて，なんとかよい方法はないものかと考えた。児童数は300人余りだが検診日は3日間とってあるので時間は十分ある。

　一人ひとりがもっとていねいに，少なくとも子ども自身が校医さんと目を合わせて「私の結果はどうだったのか」「異常があったのかなかったのか」ぐらいは聞けること。もう一つ，ふだん保健室に来て質問する「自分の体についての心配や疑問」も校医さんに直接聞いてみる。この二つを健康診断の時に取り入れようと考えて準備を始めた。まずは校医さんと腹をわって話してみることからはじめた。

　子どもたちが健康診断をどのように受け止めているのかを率直に話し，子どもにとって始めて出会う健康診断に対して「受けてよかった」と思わせたい。将来「進んで健康診断を受けよう！」という思いを育てるには，今どんな健康診断に出会うかがとても大切である。社会では，インフォームド・コンセントとかインフォームド・チョイスということを大事にしようという時代である。子ども自身が納得できるような健康診断を実施したい。学校の健康診断は，子どもがお医者さんと話す絶好の機会である等々。そして，何よりも子どもたちが「大好きな健康診断」をしてみたいと話した。

　一方，子どもたちに対しては，健康診断やいろいろな検査の前には，自分たちの生活の仕方や自分のからだについて見直し，健康診断と日常の生活の仕方を合わせて考え，課題をもって健康診断に臨むように仕掛けた。健康診断を受ける前に，自分のからだを自分でチェックしてみる方法は，小学生でも発達段階に応じて工夫すれば可能である。
「歯科検診」を受ける前には，自分の口の中を観察して「わたしの歯」というカードにその結果を記入する。その時，歯科の校医さんに聞いてみたいことも書いておく。(資料①-1)

　検診時には，そのカードをもとに検診を受け，観察したときの疑問やわからなかったことを校医さんに聞く。

　子どもたちは自分の口の中を一生懸命観察したり，友達と比べたりしながらその結果をカードに書いてくる。子どもたちの書いてきた質問はなかなかユニークで「私はよく歯をみがいているのに，友達とくらべると黄色いのはなぜですか」とか，「子どもの歯が抜けたのになかなか大人の歯がはえてきません。いつになったらはえてきますか」など，自分の口の中をしっかりみてきたことがわかった。校医さんは，検診の結果を子どもたちにも直接伝えながら，わかりにくいところは鏡を持たせて見えるようにしながら説明してくださった。そして一人ひとりにその場で結果を記入したカードをもたせた。(資料①-2)。

　今までの検診より，少し時間はかかるものの日程を増やすほどでもなく，思ったよりスムーズに流れた。課題をもった子どもたちは，自分の順番を心待ちするようになったり，

資料 1.

わたしの歯　　4年 1 組名前＿＿＿＿＿＿＿

このカードは、歯のけんさにくるときもってきて校医（こうい）さんにみせてください。
（下のしつもんに○をつけてください）

1、はみがき週間（しゅうかん）に
　(1)毎日みがいた　　(2)みがかない日もあった　　(3)まったくみがかなかった

2、そめだしをしましたか。
　(1)した　　　　　　(2)まだしていない
　　　↓した人は
　　　・きれいにみがけていた。　・みがきのこしがあった。

3、歯（は）みがきは一日なん回してますか。
　(1)あさだけみがく　　(2)よるだけみがく　　(3)あさ・よるみがく
　(4)あさ・ひる・よるみがく　　(5)あまりみがかない

4、おやつやしょくじなど、歯（は）のために気をつけていることはありますか。
　(1)ある（どんなこと　おやつは あまいものを たべない。）
　(2)とくにない

5、むしばはありますか。
　(1)ない　　　　(2)あるけどなおした　　(3)まだなおしていない

6、あなたの歯肉（しにく）のいろはなに色ですか。
　(1)ピンクいろ　　(2)赤むらさきっぽい

7、歯（は）ぐき（ち）がはれていたり血がでることはありますか。
　(1)ない　　　　(2)ある

──校医（こうい）さんへのしつもんがあればかいてください──
| 私のはは、友だちより 黄色いけど なぜですか？ |

この資料の作成者は渋谷区立富ヶ谷小学校の井口　初子先生

2　学校健康診断の教育的役割

検診の結果
(けんしん けっか)

歯のじょうたい

1、健康な歯です。　②、なおした虫歯があります。　3、虫歯になりそうな歯があります。　4、虫歯があります。早くなおしましょう。

よごれのじょうたい。

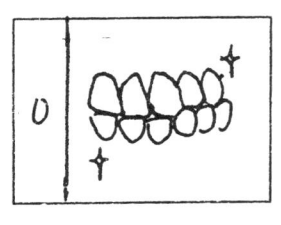

0　きれいです。

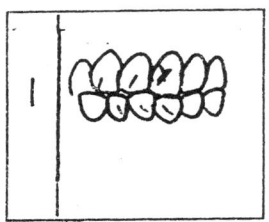

1　すこしよごれがのこっています。

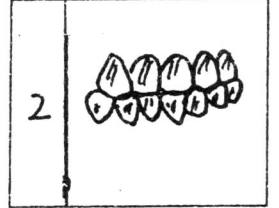

2　たくさんよごれがのこっています。

歯ぐきのじょうたい

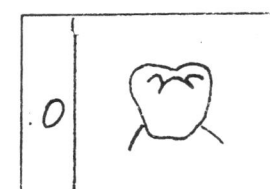

0　けんこうな歯ぐきです。

GO　歯ぐきがすこしはれています。

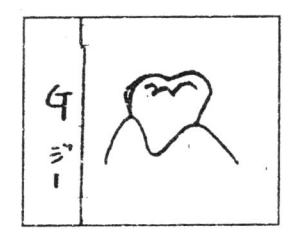

G　歯ぐきのはれがひどいので歯医者さんでみてもらいましょう。

資料①-2

友達の質問を聞いていて、「ぼくも同じこと聞いてみようと思っていた」とか、友達同士で歯の色を比べてみたりなど子ども同士の学びあいの場面も生まれてきた。

　この検診を実施してからは、今まで以上に子どもたちは自分の口の中に興味をもち、「むし歯になっていないかな」とか、乳歯が抜けたあとの永久歯のはえかわりを興味をもって観察し、永久歯が頭を出し始めると「先生はえてきたよ！」と嬉しそうに保健室に知らせに来るようになった。こうした機会には、すかさず「はえ始めた歯は柔らかくてむし歯になりやすいから」と、個別に歯みがき指導をしたり、食生活についての指導をする機会とした。また、健康診断の結果を生かして、いつ頃大人の歯が、どこに生えてくるのかを、学年別・男女別にみた資料をつくり子どもたちに知らせた。（資料②）

　内科の検診前には、保護者が書く「保健調査票」だけでなく子どもたち自身が書く「保健調査カード」を準備し、日常生活の中で食事や排便・睡眠・運動などはどのようになっているのか。喘息やその他のアレルギーはないか。自分のからだや成長に関して疑問や心配事はないかなどを考えて記入する。そのカードをもって検診を受ける。今までは立ったままで受けていたが、まずは校医さんと向き合って話ができるように座り、カードを見せながら質問があれば自分で聞くようにした。（資料③）

「私は背が低いけどもっとのびますか」とか「私は、顔がぽっちゃりしているのでみんなから太っていると言われ気になっている」など、女の子の強いヤセ願望が垣間見えたり、「夜布団に入ってもなかなか眠れない」「走るとすぐ頭が痛くなるときがあるけどなぜか」など、日常感じている問題を質問する子が多かった。なかには「アトピーがかゆくて眠れないけれどどうしたらよいか」という深刻な悩みもあった。

　校医さんには、子どもの書いたアンケートや子どもの質問に、からだを診ながら具体的に答えてもらう。校医さんも、子どもが書いたカードから、子どもたちの日常生活の様子がわかり「君は毎日こんなに寝るのが遅いのか」とか「うんこは毎日出ないのかい」などと質問されたり、「寝るのが遅い人が多いけど、そんなに遅くまで何をしているんだ」などと子どもたちに話しかけられ、昨年までの健康診断とは随分雰囲気がかわってきた。

　始める前には「子どもたちに話してわかるのか」とか「そんなことしていたら時間がかかりすぎて大変だよ」と言ってあまり乗り気にならなかった校医さんだったが、始めてみると、時間も気にしないで子どもたちに質問したり答えたりと、一人ひとりにしっかり向き合いながら進めてくださった。子どもたちも、自分が書いてきた質問をするまでは緊張していたが、校医さんに答えてもらうと「こんなこと聞いて大丈夫かな、やめようかどうしようかまよったけど聞いてよかった。」という子もいた。

　検診が終了した後、校医さんと話すと「子どもたちは色々なこと考えているんだね。子どもたちのことがわかって面白かったよ」とか、「今の子どもたちの生活は随分かわってきているね。話しには聞いていたが、うちの子どもたちも例外ではないね」などと言われ、

にこにこ 1998.5.25 NO.6

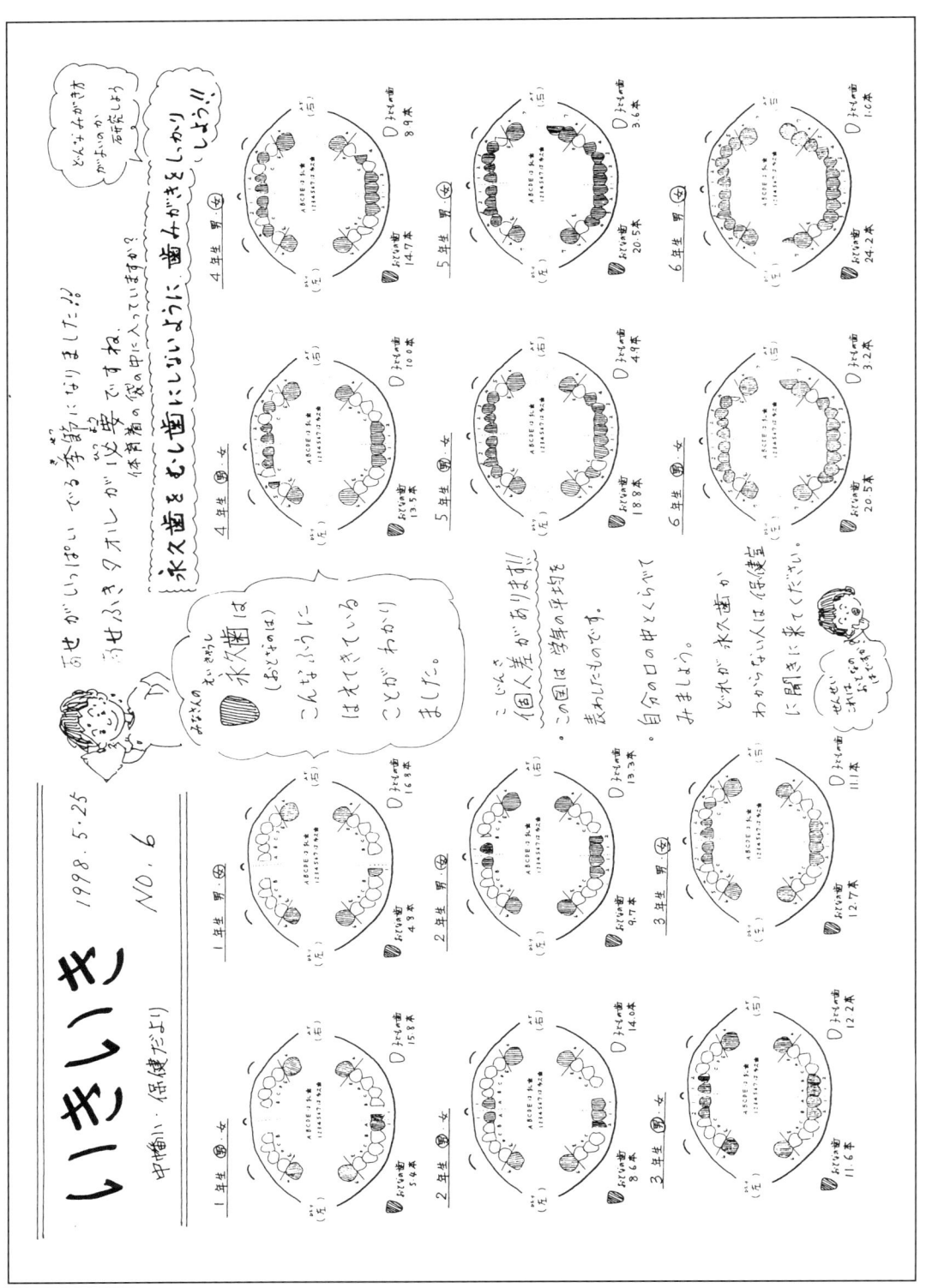

甲斐小 保健だより

永久歯とむし歯にしないように、歯みがきをしっかりしよう!!

せがいっぱいのびる季節になりました!!
みせふるさがオトノしていますか?
体育着の袖の中にかくしていますか?

永久歯（おとなの歯）はこんなふうにはえてきていることがわかりました。

この図は個人差がありますが、学年の平均を表わしたものです。
自分の口の中とくらべてみましょう。
むし歯や永久歯がわからないひとは保健室に聞きに来てください。

どんどんみがき方がうまくなっているかな 研究しましょう

1年生 男（♂） 1年生 女（♀）
ABCDEよい歯 ABCDEよい歯
①むし歯 5.4本 ①むし歯 15.8本

2年生 男（♂） 2年生 女（♀）
①むし歯 8.6本 ①むし歯 14.0本

3年生 男（♂） 3年生 女（♀）
①むし歯 11.6本 ①むし歯 12.2本

4年生 男（♂） 4年生 女（♀）
①むし歯 13.3本 ①むし歯 11.1本

5年生 男（♂） 5年生 女（♀）
①むし歯 9.7本 ①むし歯 12.7本

6年生 男（♂） 6年生 女（♀）
①むし歯 12.2本 ①むし歯 11.6本

4年生 男（♂） 4年生 女（♀）
①むし歯 14.7本 ①むし歯 10.0本

5年生 男（♂） 5年生 女（♀）
①むし歯 20.5本 ①むし歯 18.8本

6年生 男（♂） 6年生 女（♀）
①むし歯 24.2本 ①むし歯 20.5本

資料②

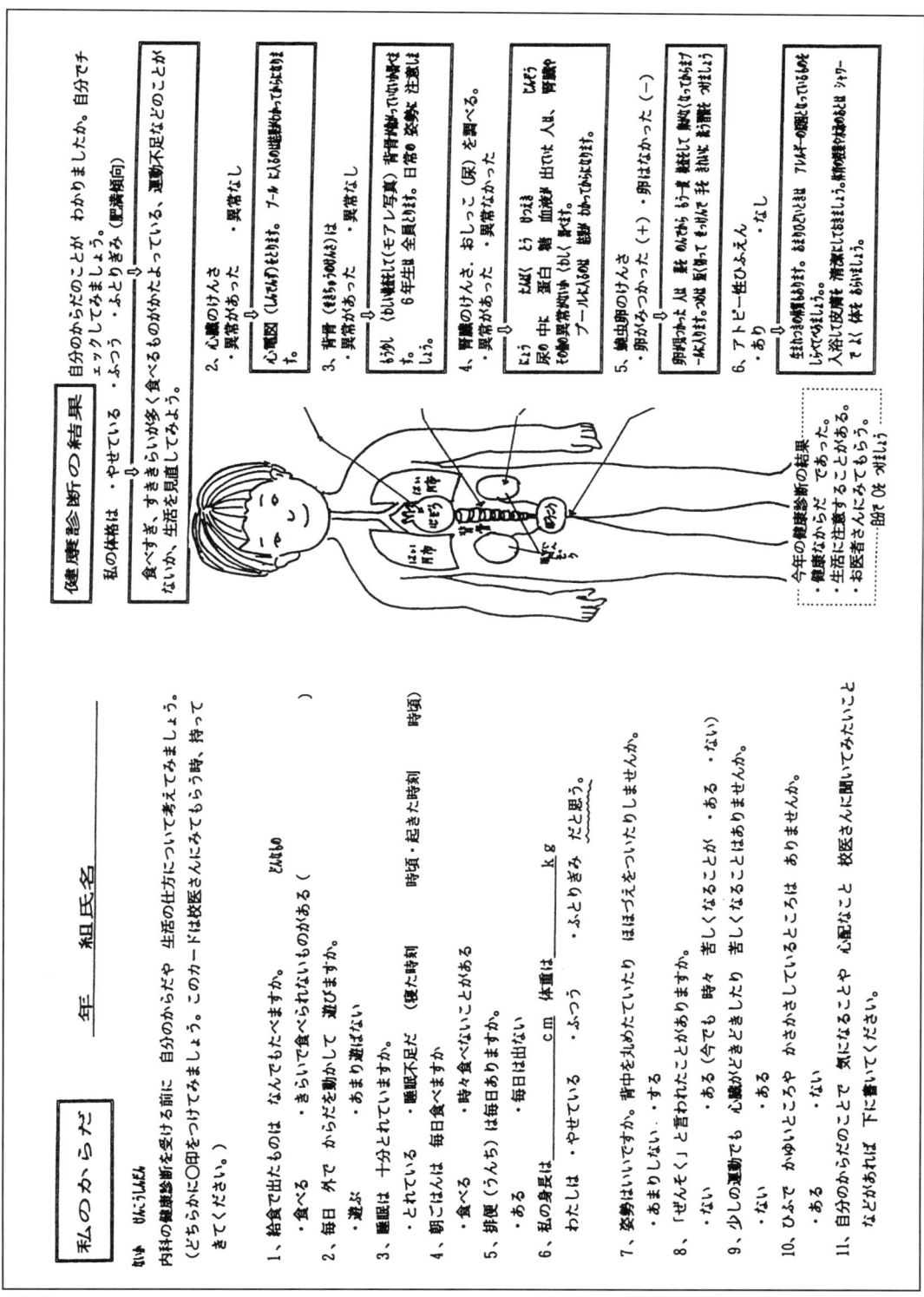

資料③

私のからだ

　　　　年　　組　氏名　　　　　　　　

ないか　りんじけんしん

内科の健康診断を受ける前に 自分のからだや 生活の仕方について考えてみましょう。どちらかに○印をつけてみましょう。このカードは校医さんにみてもらう時、持ってきてください。

1. 給食で出たものは なんでもたべますか。
　・食べる　・きらいで食べられないものがある（　　　　　　）とんにめ
2. 毎日 外で からだを動かして 遊びますか。
　・遊ぶ　・あまり遊ばない
3. 睡眠は 十分とれていますか。　（寝た時刻　　時頃・起きた時刻　　時頃）
　・とれている　・睡眠不足だ
4. 朝ごはんは 毎日食べますか。
　・食べる　・時々食べないことがある
5. 排便（うんち）は毎日ありますか。
　・ある　・毎日は出ない
6. 私の身長は　　　cm　体重は　　　kg
　わたしは　・やせている　・ふつう　・ふとりぎみ　だと思う。
7. 姿勢はいいですか。背中を丸めたりしていたり ほほづえをついたりしませんか。
　・あまりしない　・する
8. 「ぜんそく」と言われたことがありますか。
　・ある（今でも 時々 苦しくなることが ・ある　・ない）
9. 少しの運動でも 心臓がどきどきしたり 苦しくなることはありませんか。
　・ある　・ない
10. ひふで かゆいところや 気になるところは ありませんか。
　・ある　・ない
11. 自分のからだのことで 気になることや 心配なこと 校医さんに聞いてみたいことなどがあれば 下に書いてください。

健康診断の結果

自分のからだのことが わかりましたか。自分でチェックしてみましょう。

私の体格は　・やせている　・ふつう　・ふとりぎみ（肥満傾向）
　　　　　　　　　　　　　　　　　　　⇩
食べすぎ、すききらいが多く食べるものがかたよっていないか、運動不足などのことがないか、生活を見直してみよう。

1. 内臓のけんさ　　・異常があった　・異常なし
　心電図（しんでんけんさ）は、プール以外の運動がかかってから大丈夫です。

2. 背（せぼねのけんさ）は　・異常があった　・異常なし
　側わん（はいわん）として（モアレ写真）背骨がゆがんでいないかを、6年生は全員しらべ、日常の姿勢に注意しよう。

3. 腎臓のけんさ、おしっこ（尿）を調べる
　・異常があった　・異常なかった
　尿に たんぱく 糖 血液が 出た人は、腎臓内科の異常がないか詳しく調べ、プールに入るかの しどう 受けるようにします。

4. 蟯虫卵のけんさ
　・卵がみつかった（＋）・卵はなかった（－）
　卵があった人は、駆虫剤にしたがって続けて服用（のむ）します。一人入ればみんな家族全員で予防するようにします。

5. アトピー性ひふえん
　・あり　・なし

6. 生えかけの歯、みがけたは、おとなの歯は しっかりみがきましょう。
　入浴し皮膚を 清潔にしましょう。時間が多く寝不足が続いた時はシャワーでよく体を洗いましょう。

今年の健康診断の結果…
・健康なからだ でであった。
・生活に注意することが ある。
・お医者さんにみてもらう。

（渋谷区立小学校学校保健研究部で作成）

子どもたちと校医さんの距離も少し縮まった感じがした。
　健康診断を通して子どもたち一人ひとりが校医さんと主体的に向き合う機会を保障することで，将来，自分のからだや健康を守るためによりよい医師との関わりを学んでいって欲しいと願っている。

[2] 生活の仕方と健康診断をつなげる

　校医さんとの健康診断だけでなく，子どもたちが〝なぜ健康診断は必要か〟ということを意識するためには，健康診断と日常の生活の仕方を関連づけて考えることができるような取り組みが重要である。視力検査もその一つである。
　視力検査の前には，生活との関連や自覚症状の有無を自分でチェックさせた上で視力を測る。さらに年２回の視力検査の結果を経年的にみていくことができるような個表にして渡す。そのために，子どもたちの強い希望もあって0.1刻みのていねいな視力検査を実施している。もちろん，視力はその時によって多少の変動があることは教えておく。（資料④）
　子どもたちは1.5まで見えると2.0まで測定して欲しいと要求する。子どもたちの要求に答えながら，同時に何か自覚症状があったらいつでも保健室で視力検査ができるように伝えておく。中学年から高学年にかけてしばしば急激な視力低下や左右の極端な視力差が生じる子どもが増えている。そんな時は「生活の仕方が変わっていないか」「姿勢やＴＶの見方に問題はないか」など子ども自身が自分で生活をチェックしてみるように働きかける。また，カードをみて，子どもたちの生活の仕方がなかなか変わらない場合は，個別の指導をていねいにしていく。
　定期健康診断は一年の出発点でもあり，同時に一年間過ごしてきた生活の結果でもあると伝え，視力などはむしろ日常生活の中で子どもが自分の目を意識し，生活の仕方と関連づけて考えることができるような継続した取り組みをしていくことを重視している。

[3] 子どもの要求で学習環境を見直す

　定期健康診断が終わるとその結果に基づき，健康相談を実施する。今までは，その対象者を選ぶ時，主に健康管理面を充実させることに重きが置かれ，校医や養護教諭，担任が選んでいた。今年度はそれと合わせて，「からだや健康のことで気になることがあれば相談できますよ」と子どもや保護者にも呼び掛けてみた。その結果，少数だが子どもや保護者からの申し出もあった。この相談場面でも，管理する大人の側の発想だけでやるのではなく，子どもの思いを受け止めることができるように，できるだけ子ども自身が校医さんと話せるように時間と場を設定した。

私の視力（しりょく）　5年1組氏名 ○○　○○○

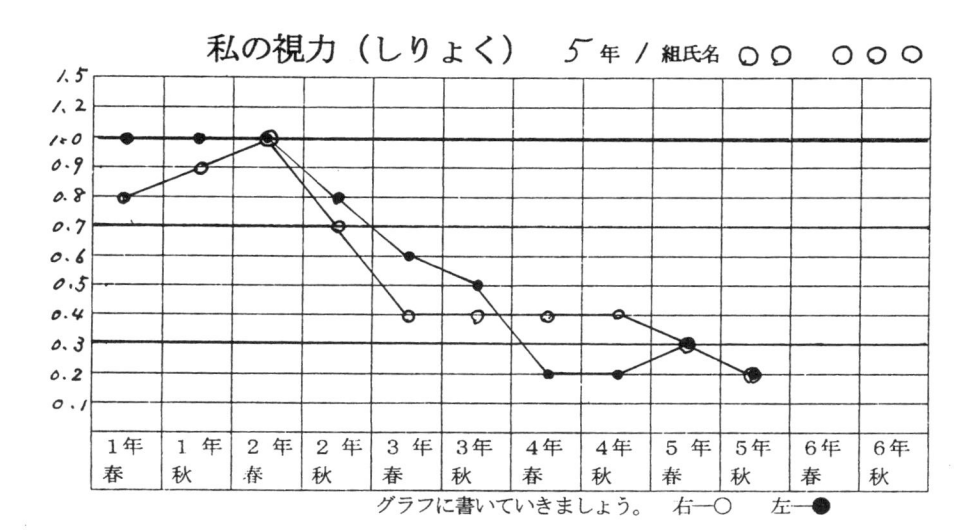

グラフに書いていきましょう。　右—○　左—●

自分の生活をふりかえってみましょう。
1、あてはまるものがあったら○をつけましょう。

こくばんのじがよくみえない	べんきょうのとき めがしょぼしょぼしたり なみだがでる	ほんを よむとき じやぎょう を とばすことがある	よくみようとするときは めを ほそめてしまう	めをつかうと あたまが いたくなることがある
○	○　○	○　○	○　○	○

2、力がわるくならないように気をつけていますか。
　　◎—いつも気をつけている。○—時々気をつけている。△—気をつけていない

ほんとほんのあいだは 30cmiくらいははなす	テレビは3m ぐらいはなれ てみている	ゲーム などは 30ぷんいじ ょうはやらないようにしている	ねころんで ほんをみないよう にしている	いえのなかであそぶより そとであそぶようにしている
×　○	○　○	×　×	×　×	○　×

資料④

この健康相談の時，アトピー性の湿疹がひどい子どもが「体育の授業で汗をかくと皮膚がひりひりしたりかゆみが強くなってつらい」と訴えた。小学校では，着替えは男女一緒の教室で行い，行間休みも5分間しかない。汗で汚れたからだをていねいに拭けないまま子どもは我慢して次の授業を受けなくてはならない。その訴えを聞いた校医さんは，授業の後，新しい体育館についた温水シャワーを使わせるように担任に話してくれた。校医さんから話してもらうと説得力がある。職員会議にかけるまでもなく，子どもから申し出があった場合は養護教諭が判断して，温水シャワーを浴びさせることになった。授業に若干遅れても，そのほうが子どもにとって次の授業の集中力が上がるのでよいと先生方も納得された。

　この経験を通して子どもは，学校だけでなく日常生活の中で汗をかいた後は，皮膚を清潔にすることで，アトピーの悪化を防ぐことができることを学んで実行するようになった。

　この他にも，教室での小動物の飼育を見直し，全員が生活する教室ではハムスターは飼わないで，別の部屋に移す。食物アレルギーのある子どもは給食では除去食にしてもらったり，無理な時は弁当を持ってくるなどの配慮を充実していくきっかけとなった。栄養士さんがいなかった当時，給食の調理員さんたちも快く協力したくださり，学校中の人が子どもたちのことを考えていくことにつながった。

[4] 健康診断と健康教育をつなげる

　定期健康診断が終了すると，一人ひとりの子どもたちの発育状況や疾病・異常の状態がわかると同時に，集団の健康問題も見えてくる。

　集団の健康問題については，その年度の重点目標にとりあげ，年間を通して健康教育を実施していくことにした。（資料⑤）

　本校では虫歯や歯肉炎の罹患率が高く，日常の歯磨き習慣が定着していない子ども，磨いてはいるが上手く磨けていない子どもが多かった。そこで，歯や口腔の健康について学習する機会を増やすことにした。各学年，ロングの保健指導の時間を確保することと，学期1回の歯磨き重点週間を設け，「磨いているから磨けている」ことを目指すことにした。ロングの保健指導には，歯科の校医さんの努力で地域にある歯科衛生士養成学校の実習校を引き受ける形で，4，5名の学生に各クラスに入って保健指導と個別の歯磨き指導をしてもらうことになった。担任と養護教諭がいくら努力しても個別指導には限界があったので，子どもたち一人ひとりにていねいな指導が保障できるようになった。また，学生が時間をかけて作った教材は素晴らしく，子どもたちの興味や関心を高めるのに役立った。

　この他にも発育測定は年間を通して3回実施し，その機会を利用して子どもが成長の意味を考えたり自分の成長の様子をみつめる機会としている。

平成　　年度　　学校保健計画の基本方針

1. 学校保健活動の基本方針

「よく考える子」「思いやりのある子」「元気な子」「やりぬく子」という、本校の教育目標を受け、日常の学校保健活動を通して「自分のからだのことがわかり、心やからだの健康づくりを目指して実践できる子ども」を育てていく。

2. 児童のからだと心・健康の実態

定期健康診断や、日常の健康観察の結果からみると、アレルギー性鼻炎（男30.3％女17.0％）、喘息（男15.8％　女8.2 ％）、アトピー性皮膚炎（男11.8％　女6.3 ％）、その他、小数であるが、食物アレルギーや蕁麻疹などの症状をもつ子どももいる。

歯に関しては重点目標として取り組んでいるが、虫歯の罹患率は（男79.4％　女85.3％）と、減少傾向は鈍っている。またWHOが西暦2000年の目標にしている12歳児のDMF歯数を3本以内に対して6年生では（男1.88本、女2.04本）と達成しているが、女子は男子より高い。

視力については、0.3 未満の子どもが（男12.1％　女13.3％）と高学年に増えてきている。年2回の視力検査を実施し早期に発見し適切な対応ができるように努力しているが、未受診者37名（1.0未満18名、0.7未満15名0.3未満4名）のうち、特に0.3未満の子どもは日常生活に支障がある。また、眼鏡を作ってもかけない、学校には持ってこないなど、視力の管理と指導を充実する必要がある。

これらの疾病や異常がありそのまま放置されている子どもは限られており、特にそういう子どもは一人でたくさんの虫歯をもっているなど、家庭への働きかけを工夫する必要がある。

「心の健康」という面からみると保健室登校の子ども、精神的な面で問題を抱えている子どももいて、個別的な対応を必要としている子どもが増えてきている。ちょっとしたことで、ムカツク、相手を傷つける言動を平気でする、その背景を考えると、自己中心的な子どもなど、子どもたちに、日常生活の中で満たされていなかったり、幼児期からの発達課題をクリアできないで、それが問題行動というかたちで現れてきている。

保健室来室状況からみると、けがでの来室が一番多いが、それ以外には病気、生活リズムの乱れからくる不調を訴える子ども、さらに、子どもたちの一部には、保健室を相談する場としてとらえている実態があり、担任との連携が益々重要になってきている。

いじめや、不登校傾向などの子どもの問題も、初期にはからだの訴えで保健室に来ることがあり、一人ひとりの子どもと丁寧に向き合う中で早期に気付き対応していくことが必要である。このような子どもたちを見ていると、今の社会環境や、個々の家庭の多様な価値観の中で、子どもたちが子どもらしい要求や、意欲を持たないで育ってきていることが多い。そのため、些細なことで深く傷ついたり、友達関係が上手につくり出せなかったり、学校に登校することさえ出来なくなる子どもがいる。こうした子どもたちの、発達課題をみつけ、現象だけに働きかけるのではなく、子どもそのものを深くつかみ、「育つ」という基本的なところから促していくような働き掛けが必要である。

以上のようなことから考えて、これからの学校保健は、校医さんや養護教諭が専門的に取り組むだけでは解決せず、学校担任をはじめ、子どもを取り巻く総ての人の連携と共同が必要である。

3. 達成のための基本方針

子どものからだ、健康の実態を総ての教師が共通に認識し、日常の教育活動を通じて丁寧に取り組んでいく事と合わせて、保護者や地域にも働きかけながら協力して取りくんでいく。さらに、子ども自身が主体的に取り組めるようにするため、子どもの要求や考えを大事に、具体的に取り入れる工夫をしたい。そのことにより、一人一人の子どもが自分のからだ、健康に興味や関心をもち、主体的な健康づくりに取り組めるようになるのではないか。

そのために
1、自分のからだがわかり、自分や他人の健康を大事にできる子ども
2、からだを動かすことの好きな子ども
3、豊かな心と感性をもつ子ども
4、生き生きとした生活づくりのできる子どもを目標として取り組みたい。

4. 具体的な取り組み

1、からだや健康についての学習を大切にする。（科学的な認識を育てる）
学級指導や保健室での指導を中心に、総合的な学習とも関連させて計画的に行う。
<u>2、重点的な取り組み</u>
健康診断を健康管理と健康教育の重要な機会とし、丁寧に取りくむ。「歯及び口腔の健康状態の改善」をめざし、保健指導を充実する。
・<u>全校各1時間ずつ、歯磨き指導を中心にした歯に関する保健指導を行う。</u>
・<u>学期1回、「歯磨き重点週間」を位置づけ、上手な歯磨きや生活習慣を喚起する。</u>
・年2回の歯科健診を実施する。
3、視力検査を年2回実施し、子どもたちへの保健指導を充実する。
4、からだの学習については、総合的な学習の時間も視野に入れながら全学年が取り組む
5、その他の取り組み
健康診断や日常の健康観察の結果を活用し実態に合わせて多様な取り組みを工夫する。
・小児成人病予防指導（夏休み、検診後の指導）
・保健室の活用（保健室の利用を通して、からだや健康について学習していく）
・他の校内組織との連携（教育相談部、生活指導部など）
・児童保健委員会活動の充実

5. 地域・保護者との連携

学校保健委員会を充実させると共に、日常的にも連携の機会を工夫し、できるだけ子どもたちの実態を保護者や地域の人に知ってもらうよう努力する。また、子育て上の様々な問題が子どもたちのからだの発育や心の発達に影響を及ぼしている事が多いので、子どもを取り巻く人が一緒に考えて行けるような機会を大切にする。

個別に対応が必要な子どもに関しては、個人面談や家庭訪問などの方法を工夫して担任と一緒に取りくむ。

資料⑤

最近は，女の子のやせ願望が強く，小学校の2年生ぐらいから体重が増えることをいやがる。太っていなくても，自分は太り気味だといってみたり，減っていると喜ぶなどの様子がとても気になった。この背景には，社会の影響もあるが，中にはやせ願望のとても強い母親の影響を受けていて「お母さんが，デブはきらいというの」というような子どももいた。そこで，「体重の中身」という学習を繰り返し実施したり，保護者会の機会などを利用して個別に保護者とも話し合ったりした。

　この学習場面には担任にも参加してもらい，子どもの反応を見て子どもの理解を深めるための応援をしてもらうようにした。

　時間数に追われ保健行事や保健指導の時間が削られていくという状況もあるようだが，担任が子どもたちにとって必要だと感じたり，子どもたちも興味や関心を示す保健指導であれば，簡単には減らされないという実感ももてた。そのためにも，担任には同席してもらうことが大切である。

[5] 子どもや保護者の受け止め方を探る

　このような取り組みも含めて「健康診断」について，子どもたちや保護者がどのように受け止めているのか，また「子どもが主体的に」と考えていても，果たしてそのような意識が芽生えているのか，そんな思いがして，初年度，子どもたちや保護者にアンケートをとってみた。子どものアンケートは，保健委員会の子どもたちが考えて5・6年生に実施することになった。

　アンケートの内容も子どもたちに考えさせてみたいと思い話し合ったが，なかなか意見が出てこなくて，私が「たとえばこんなことを」と言うとそれがそのまま入ってしまい，今まで，健康診断について子どもたちに主体的に考える機会を与えてこなかったという事実が端的に現れた。それでも，アンケートをとってみれば，子どもたちの認識の程度や意見は出てくるだろうと思い不十分な内容だと思ったが実施させてみた。

　その結果，予想していたものもあったが，こんなことも考えているのかという面もでてきた。(資料⑥)

「健康診断で受けてよかったもの」という項目では，自分のからだの発育や発達が自分で確かめられる「計測」に多く，裸になる「内科」の検診や「尿・蟯虫卵」などの検査に対しては少なかった。

　一方，少数ではあるが，「やめて欲しいもの」と答えた中にも，視力検査・歯科検診・耳鼻科検診・内科検診・尿や蟯虫検査等をあげている子どもがいた。その理由は，恥ずかしい，病気を指摘される，面倒くさいの3点に絞られる。

「もっとやって欲しいもの」には，身体測定（毎月やって欲しい）・視力検査（もっと詳

しく，回数も増やして欲しい）・歯科検診などをあげた子どもがいる。

どの項目についても「やめて欲しい」と「もっとやって欲しい」の両方があり，視力検査などは，養護教諭としては低視力の子どもへの配慮をしてきたつもりでいたが，やめて欲しいと感じている子どもへの配慮や指導が足りないことがわかった。

健康診断で"いやだな"と感じたことは「ある」と答えた子どもと「ない」と答えた子どもが38人と46人で，「ある」は女子に圧倒的に多く，恥ずかしいという理由が多かった。

健康診断の結果については，ほとんどの子どもが自分がどのよう言われたのかはわかっていた。しかしその結果，必要なことを実践する力はまだ十分に育っていない。

これらのことから，子どもたちの考えていることや疑問を出し，学習できる機会をもっと増やしたり，子どもから出された問題や要求について子どもとていねいに話し合う時間

```
健康診断アンケートの結果（児童用）
1、健康診断で受けてよかったと思うもの              (3)歯科検診
  (1)身長・体重・座高の測定      61人
  (2)視力検査                   60人          4、健康診断でいやだなと感じたこと
  (3)聴力検査                   30人            (1)とくにない                46人
  (4)歯の診診                   41人            (2)ある                      38人
  (5)耳鼻科の検診               19人            (3)「ある」と答えた人のわけ
  (6)内科の検診                 14人              ①洋服をぬぐとき(男女いっしょだから)  10人
  (7)尿の検査                   10人                ・はずかしい
  (8)蟯虫の検査                 12人                ・担任の先生が男だから
                                                   ・アトピーを人に見せたくない
2、健康診断でやめてほしいもの                        ・寒いから      ・女子にみられるから
  (1)身長・体重・座高の測定      3人              ②尿や蟯虫のビンテープを出すとき  5人
    理由 人に聞かれるから                           ・めんどうだから
         2組といっしょにやったから                  ・やりにくから
                                                   ・どきどきしてみんなが見ているような気がした
  (2)視力検査                   3人                ・なんとなくはずかしいから
    理由 成長に関係ないから
                                                 ③身長・体重・座高・視力などの測定のとき  6人
  (3)歯の検診                   5人                ・みんなに聞かれるから
    理由 歯みがき時間をのばされるから                ・じまんされるから

  (5)耳鼻科の検診               2人              ④校医さんの診察のとき   3人
    理由 どうせアレルギー鼻炎と言われるから          ・はずかじから
                                                   ・体にさわられるから
  (6)内科の検診                 5人
    理由 はずかしい                              ⑤結果を知らされるとき    5人
                                                   ・いつもひっかかるから
  (7)尿や蟯虫の検査             11人                ・どきどきするら
    理由 やりにくいしはずかしい                     ・病院に行きたくないから
         苦手だから

3、健康診断でもっとやってほしいもの              5、健康診断の結果はどうだったか
  (1)身長・体重・座高測定  毎月やってほしい        (1)どこにもわるいところがなく健康だった  40人
                                                 (2)生活に注意することがあった            16人
  (2)視力検査  もっとくわしくやってほしい          (3)お医者さんで見てもらうところがあった  31人
              もっと多くやってほしい
```

資料⑥

をとるなどの工夫が必要である。もちろん，からだや健康についての認識をさらに深めていく必要もある。

　子どもの〝健康に生きる権利を保障する〟ということの大切さを考えて実施しようという意識はあったが，子ども自身が健康診断に対して主体的に考えていけるような取り組みになるまでにはまだまだ課題も多い。そのためには健康診断だけでなく，日常の教育活動の中でもさまざまな機会に子どもの感じていることや意見を聞くような機会をつくり，「恥ずかしいからいやだ」とか「めんどくさいからいやだ」というような表面的な捉え方から，自分のからだや健康を守るために必要なことが要求できるような力をつけていく。そして，まっとうな要求なら実現することもあるのだということを体験的に学習させていく。そんな取り組みがこれからも必要である。

　アンケートの結果は，子どもたちがまとめて学校保健委員会で報告した。

　報告の結果は，校医さんや参加した大人たちから「裸になることの重要性」や，「受けてよかったのはなぜか」「やめて欲しいと考えているものを本当にやめてしまっても健康でいられるのか」など，子どもたちにもう一度みんなで考えてみるようにと意見が出された。

　また，男女別の更衣室の工夫や，尿や蟯虫検査がみんなの視線を感じないで出せるような工夫など，「健康診断のための環境整備はできるだけやりましょう」というような約束をしてもらうこともできた。子どもたちは，いろいろ指摘されたこともあったが，はじめは「そんなことして意味あるのかなあ」とあまり乗り気でなかった子どもたちも「発表してよかった」という感想をもった。このことを，子どもたち自身でみんなに伝えようと，児童集会でも報告した。

　保護者の考えをつかむためには，保護者向けのアンケートを実施しようと考え，PTAの役員会に話をもっていった。ここでは，今までも健康診断について感じるところがあったらしく，すぐに「やってみよう」ということになった。アンケート作成から全家庭に配付回収し，結果をまとめて報告するまですべてPTAのお母さん方が取り組んでくださった。

　アンケートの中には，こちらが予想しなかった「心の健康問題」について問うものや，「予防接種についての質問」なども盛り込まれていた。（資料⑦）
「学校での健康診断が必要ですか」という質問に対しては，全員が「必要」という回答であった。また，からだだけでなく，心の健康という面からも健康診断でなんらかの対応をして欲しいという要求も出てきた。それ以外の要望では「視力検査は詳しく」とか，血圧や血液検査などを実施して欲しいという要求も少数ではあるがでてきた。

　健康診断の結果についてはよく理解されているが「校医の診断と主治医の診断が違うことがある」とか「病気を指摘されてもなかなか病院へ連れて行く暇がない」などの意見も出てきて，学校からの一方通行ではなく，保護者ともっとコミュニケーションを図ってい

「健康診断について」のアンケート結果（保護者）

1. 健康状態は分かりましたか。
   - よくわかった　140人
   - 分からないところがあった　5人

2. 学校でもっとやってほしい検診はありますか。
   - ある　16人
   - ない　126人

3. 学校の健康診断で必要ないものはありますか。
   - ある　5人
   - ない　139人

4. 疾病や異常が指摘されたときすぐ病院に行きますか。
   - すぐ行く　128人
   - なかなか行けない　20人

5. 学校での検診結果と病院での結果が違うものがありますか。
   - ある　70人
   - ない　74人

6. 学校での健康診断は必要ですか。
   - 必要　148人
   - 必要ない　0人

7. 「心の健康」でも何らかの対応が必要だと思いますか。
   - 必要だ　124人
   - 必要ない　22人

8. 「心の健康」ということで困っていることはありますか。
   - ある　17人
   - ない　126人

9. 「ある」と答えた方はどのように対応していますか。
   - 家族で対応している　13人　・専門家や学校の先生に相談している　4人
   - 相談する人がいなくて困っている　3人　・その他　2人

10. 心の健康対策で要望があれば書いてください。
    - 親のための勉強会をもって欲しい。　・担任の先生ともっと話し合いたい。
    - カウンセラーの先生が居てほしい。（保健の先生一人では大変）
    - 保健室の先生の話をもっと聴きたい。　・学校の近くに気軽に相談できる場所が欲しい。

【わかりにくいもの】
- 歯科～どの歯がどういう状態か
- 心電図がなぜ1年生だけなのか

【やって欲しいものの内容】
- 血液検査
- 視力検査をもっと詳しく
- 色覚検査
- 心の健康
- 血圧
- 心臓系をもっと詳しく
- 体脂肪測定

【必要ないもの】
- 体重
- 座高
- 秋の歯科検診（定期的に行くので）

【なかなか行けない理由】
- 仕事が休めない
- 遊びに行ってしまう
- お金が高額なので
- 慢性、アレルギーで行っても治らない
- 苦痛が無いので

【結果のちがうもの】
- 歯科
- アトピー
- 視力
- 尿検査

資料⑦

くことが大切だということがわかった。
「学校での健康診断は必要ない」という意見や「家庭が責任をもってやればいい」という意見は全くなく，少なくとも今の段階では，私の学校や地域の中で現実的ではないことがわかった。

健康診断そのものについて保護者の意見を直接聞いたのは初めてであったが，こうした意見を学校保健委員会の席で提案することにより，保護者と校医さんや教師が直接話し合うことができたことはお互いの認識を深め合うためにも有効だった。今までは学校で実施されるものだから，保護者はいろいろな思いがあってもあまり言わないできたが，もっと自分たちが子どものために，考えたり話し合ったりすることが大切だとまとめられた。この報告はPTAの広報を通じて全家庭に配付されると同時に，保護者会で学級委員の方が報告され，出席できなかった保護者へも伝えられていった。

[6] まとめ

今まで「健康診断」といえば，学校で「やってもらうもの」「やらされるもの」という発想が子どもにも保護者にもあり，学校もまたそのことにあまり疑問をもたないで長い間やってきた。そのことに対する批判は十分に受け止めなければならない。

健康診断の見直し論が浮かび上がってくる中で，何よりも私自身が「考え直すきっかけ」をつかみ，それをもとにいくつかの実践をしてみた。私自身の考えが深まっていないところは，子どもや保護者への働きかけの弱さになって出てきているが，少なくとも健康診断を子どもが「受けさせられている」という感覚から，「自分から受けてみたい」と思えるように変えていきたいという試みの出発点に立つことはできた。とくに健康診断について同じテーブルについて，子どもや保護者，教師や校医さんが話し合うことができたことは良かった。その中で，子どもも保護者も「学校で実施する健康診断に対して意見を言ってもいいのだ」ということを理解してもらい，今後も色々な意見が出てくるようになればいいと思っている。

健康の自己責任論が強くなってきている中で，自分が主体的に取り組んでいくことと合わせて，「国民一人ひとりの命や健康が大切にされる社会でなければ個人の健康も守れない」ということも，子どもや保護者が学ぶ機会となるような健康診断にしたい。

学校という教育の場で行う健康診断だからこそ，子どもたちがそのことを追求していく力をつけていく責任がある。

今後も，〝子ども・保護者・学校が一体になって取りくむ健康診断〟をめざしていきたい。

〈追記〉

　この原稿を書いてから数年が経つ。子どもたちの健康診断に対する姿勢も随分変わってきた。

　この取り組みは，第16回健康教育世界会議（1998年・プエルトリコにて開催）で養護教諭の仕事のひとつとして報告した。欧米では一般的には子どもの健康診断は各家庭が責任をもって実施しているので，学校で行う「健康診断」は日本の独自性が強く，注目されたものの一つである。とくに，健康診断を健康教育の重要な機会であるとした主張や，集団の健康問題をつかみ，学校教育の中で対策を考えていくために有効であるという主張は高く評価された。

　WHOをはじめ世界の多くの国々では，今「子どもたちの健康づくり」をどこが，どのようにやっていくことがもっとも効果的であり，コスト面でも理にかなっているのか，ということをとても重要視している。したがって，この健康診断を通して，子どもの健康状態がどのように改善され，どのような成果があがったのかという問いも出てきた。

　また，社会や環境をより健康的なものに変えていくというヘルスプロモーションの発想に立った考え方や実践を，子どもたち自身がもつことができるように健康診断実践を発展させていくことが重要である。

●参考資料
・山田真「学校集団検診の有効性とＩ.Ｃ.を検討する」，体育科教育1996.11別冊　学校保健のひろば・大修館書店
・山田真「子どもの健康診断を考える」，筑摩書房
・「私たちのめざす健康診断」理論編・実践編，全日本教職員組合養護教員部

2-2
子ども・担任・学校医・保護者と共に創る健康診断
渋谷和子

　文部省が学校のスリム化を背景に，簡略化・省略化の健康診断を実施してから7年が経過した。多忙化で苦しむ学校現場では心ならずも簡略化・省略化の方向に流れ，ていねいな健康診断とはなりえない状況が広がってきた。

　しかし他方で，子どもの健康や発達を保障するものとして，教育的側面に視点を置いた実践も数多く生み出されてきている。

　学校保健が教育を支えるためのものであるだけでなく，教育そのものであるのと同様に，学校健康診断も単なる管理的行事に終わらせることなく，教育活動として展開していきたい。

　すなわち，憲法・教育基本法にのっとり

　　(1)基本的人権としての生存権・健康権の保障
　　(2)教育の目的としての健康な発達の促進
　　(3)教育を受ける権利の保障

でありたいと思う。

[1] 健康診断と学級指導「発育と個人差」をつないで

　個人の情報である，からだについての数値を取り上げた指導は，「子どもの劣等感や悩みを深める子どもいじめの指導であり，プライバシーの侵害である」という論調が声高に展開され何をやってもプライバシーの侵害になるのでは…という不安から，結局「何もしないのが安全」という考えを招きかねない状況が生まれた。

　たしかに配慮を欠いた画一的な指導は問題があるし，注意を要するが，真に子どもを大切にするということは，悩みや劣等感に触れないように扱うということだけでなく，人間の成長や発達についてより深く理解することにより，劣等感を乗り越え，発達の主体者として前向きに生きる力を内面にしっかり育むことではないだろうか。健康診断の事後指導として実施した「発育と個人差」の学習は，そんな願いから生まれた。

指導のねらいと構成

①人間の発達の特殊性と特徴

●身体発育の順次性－人間のからだつきの変化

　人間は，もっとも人間らしい頭部の発育が他の部分より先行し頭部－胴－腕－脚の順に発育が進行する。つまり，人間は人間らしい特殊な発育法則を示すことを知らせる。

●頭部の発育－発育の急進期

　0～20才までの年間発育増加量より，発育急進期が2回あることを気付かせ，この2つの山をもつ発育の仕方は，すべての人に共通しており，他の動物の発育には見られない，人間らしさのあらわれであることを理解し，今が2回目の発育急進期であることを知らせる。

●発育の個人差－発育のグラフ化と比較

　発育の特徴をより自覚的に捉えさせ，自己を見つめるために自己の発育をグラフ化させ，友達と見比べることにより，似ているようで少しずつ違う，スパートの時期や，山のでき方（伸び率）は人によってちがう，といったことから，発育には個人差があることをわからせる。と同時に，しかし誰もが2つ目の山があることから，人生の中で一番発育の進む時期のまっただ中にいることを理解させる。

●身体機能の発達－運動能力の年間発育量

　スキャモンの発育曲線より，鍛錬ということを考える場合も，身体発達の順次性や，特徴をよく知ることが効果的であり，故障を防ぐ意味からも大切であることを考え，今は持久力のもっとも発達する時期であることを知らせる。

②発育の条件と生活づくりの課題

　人生の中で二度とない時期にさしかかっていることを理解したならば，この大切な発育の時期を望ましく成長させるために，どのような生活をすることが必要かを考えさせ，栄養，運動，睡眠など，日常の生活と結びつけて学ばせ，具体的に生活の中に生かしていけるよう，各自のがんばり目標を定め生活づくりに挑ませる。

　さらに，栄養，運動，睡眠などが「なぜ？どうして？」発育の条件となるのかを一つひとつ深める学習に繋げ，発展させることのできる土台となる指導ではないかと考えた。

　この指導を通して子どもたちに送りたいメッセージは，「自分を好きになってほしい」ということである。

　思春期まっ最中の中学生にとって容姿，とりわけ身長は重大な関心事であり，それゆえ悩みも深い。そんな中学生に，「自分なりに結構いい線いってるじゃないか，自分もまんざらじゃないな」と自己を肯定的に受け止め，前向きに生きてほしいと願う。そのために，人間の発育，発達についてきちんと理解し，誰もがかけがえのない時を生きていることを

知り，それに照らして自分をよく見つめ，自分もまたそのまっただ中にいるのだということをつかみとってもらいたい。

指導の内容

　この題材は，学級活動の年間指導計画の中に位置づけていたものではなく，飛び込みの提案であることから，ロングの特設保健指導としての時間の確保もされていなかったので，健康診断の事後指導として提案し，ショートの学級活動を数回連続して実施できるよう資料を構成した。

①生徒用テキスト〈その１〉(資料①)
●教師用の解説より

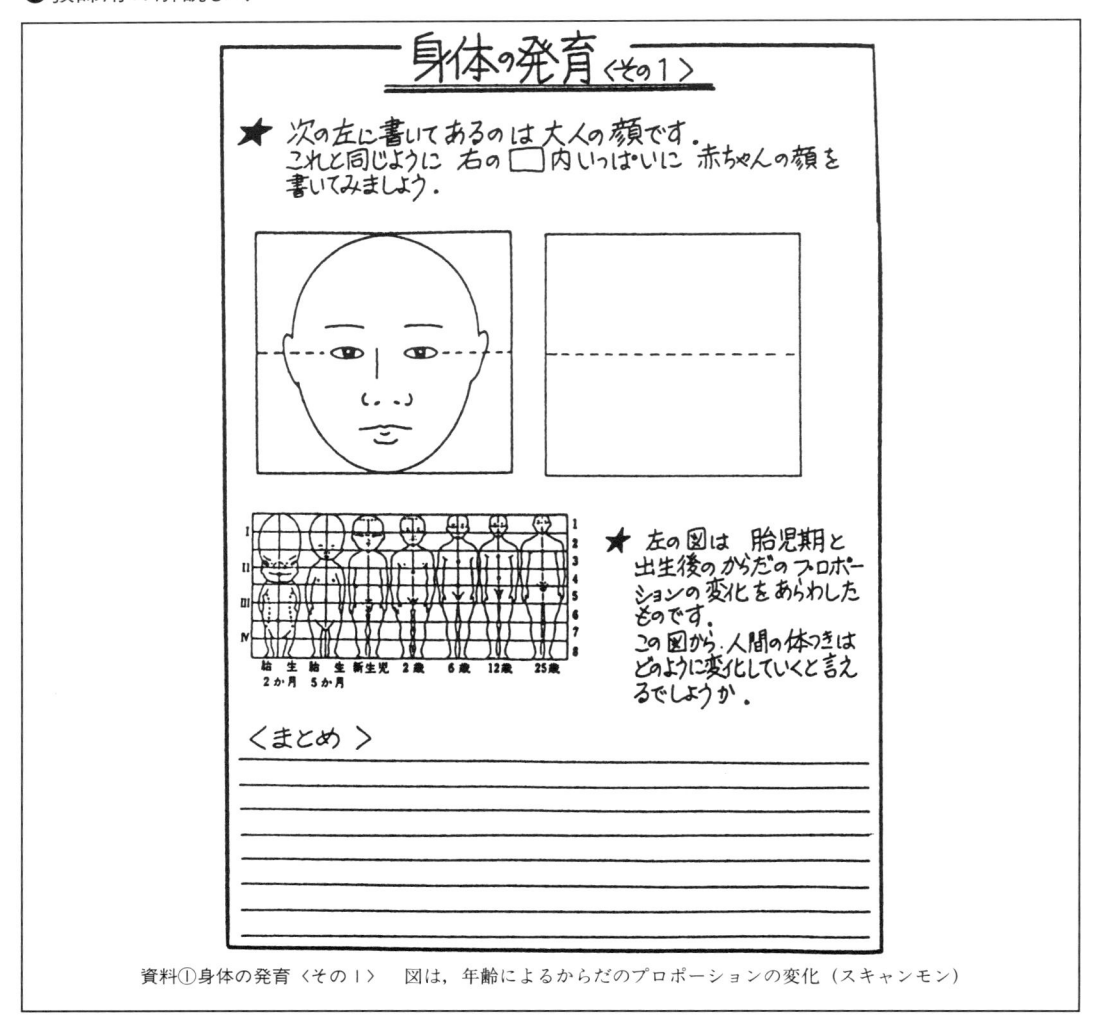

```
┌─────────────────────────────────────────┐
│           身体の発育〈その1〉             │
│                                           │
│ ★ 次の左に書いてあるのは大人の顔です。  │
│   これと同じように 右の□内いっぱいに 赤ちゃんの顔を │
│   書いてみましょう．                     │
│                                           │
│   ┌─────────┐  ┌─────────┐             │
│   │  (顔の図)  │  │         │             │
│   └─────────┘  └─────────┘             │
│                                           │
│   ┌──────────┐  ★ 左の図は 胎児期と     │
│   │(プロポーション図)│   出生後のからだのプロポー │
│   └──────────┘   ションの変化をあらわした │
│   胎 生 生 新生児 2歳 6歳 12歳 25歳    ものです．                │
│   2か月 5か月                    この図から、人間の体つきは │
│                                 どのように変化していくと言え │
│                                 るでしょうか．               │
│                                           │
│   〈まとめ〉                              │
│   _____    │
│   _____    │
│   _____    │
│   _____    │
│   _____    │
└─────────────────────────────────────────┘
```

　　　資料①身体の発育〈その１〉　図は，年齢によるからだのプロポーションの変化（スキャンモン）

まず生徒用には,「身体の発育〈その１〉～〈その５〉」としてB5判5枚綴りのテキストを作成した。学級担任用としては,B4判の左半分を生徒用テキストと同じものを載せ,右半分には「身体の〈その１～５〉解説」として,指導上のねらい,作業をさせる上でのポイントやアドバイス,教師サイドが知っておきたい資料などを示し,とくに子どもにおさえてほしい点やまとめは□で囲んでインパクトを強めたB4判5枚綴りの資料を準備した。

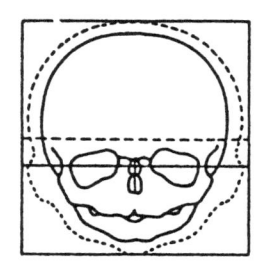

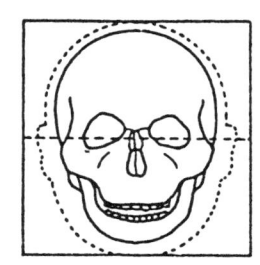

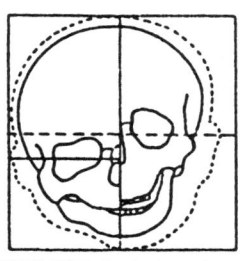

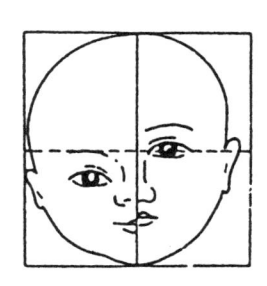

図は,新生児および成人の頭蓋と顔面（ストラッツ）

　題材に込めた願いとともに資料に添えて職員会議に提案したところ,ショートの学級活動の積み重ねでは思考がコマ切れになってしまうし,きちんとした準備もされているのでロングの学級活動として実施しよう,と決まり1単位取ることとなった（実際には1単位では納まらず,ほとんどの学級が延長して実施した）。

事前に自分の赤ちゃんの時の写真を持参させて,見ながら書かせてもよいでしょう。
身体の発育の特徴を学ぶ導入として自由に書かせながらまん中の点線の意味を考えさせ,赤ちゃんらしい顔つきにするには目の位置を半分以下に描くことに気付かせます。

> ★この意味は…
> 頭部が他の部分より先行して発達するためであり,
> 新生児では,顔面の半分以上は頭部で占められる。

下半分はアゴの発達につれて発育し,しだいに大人の顔つきになっていきます。
　また,顔の大きさの割に目が大きいのも赤ちゃんの特徴。

> ★以上のことから…
> 人間は神経系の発達が他の部分より発育が早いということがわかる。

人間以外の動物は出生時の姿から,ほぼ親のからだつきをそのまま小さくしたものですが,人間のそれはまったく異なっています。
出生時のからだを大人と比べると
・頭…1/2　・胴…1/3　・腕…1/4　・脚…1/5　という割合になっています。

2　学校健康診断の教育的役割

人間は人間らしい特殊発育法則を示す

> ★つまり…
> もっとも人間らしい頭部の発育が他の部分より先行し，頭―胴―腕―脚の順に発育が進行する。

❷生徒用テキスト〈その2〉 (資料②)

●教師用の解説より

グラフより，発育の著しく進む時期は2回あることをわからせます。

・1つ目の山（1回目の発育急進期）

0才～1才にかけて——30.2cm　1才～2才にかけて——9.3cm　の増加

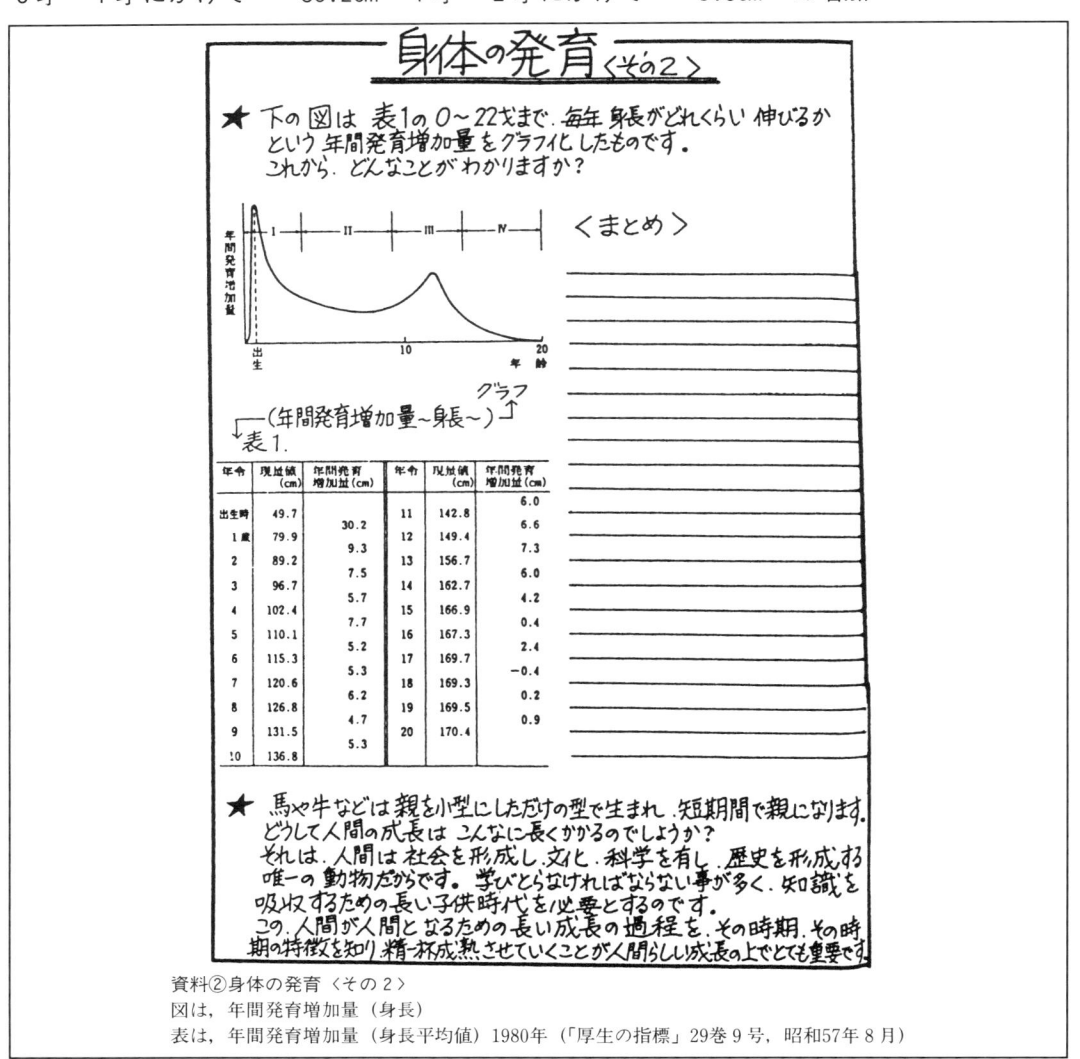

身体の発育〈その2〉

★ 下の図は 表1の 0～22才まで、毎年 身長がどれくらい 伸びるか という 年間発育増加量をグラフ化したものです。
これから、どんなことが わかりますか？

〈まとめ〉

←（年間発育増加量～身長～）グラフ

表1.

年令	現状値(cm)	年間発育増加量(cm)	年令	現状値(cm)	年間発育増加量(cm)
出生時	49.7		11	142.8	6.0
		30.2			6.6
1歳	79.9		12	149.4	
		9.3			7.3
2	89.2		13	156.7	
		7.5			6.0
3	96.7		14	162.7	
		5.7			4.2
4	102.4		15	166.9	
		7.7			0.4
5	110.1		16	167.3	
		5.2			2.4
6	115.3		17	169.7	
		5.3			-0.4
7	120.6		18	169.3	
		6.2			0.2
8	126.8		19	169.5	
		4.7			0.9
9	131.5		20	170.4	
		5.3			
10	136.8				

★ 馬や牛などは 親を小型にしただけの型で生まれ、短期間で親になります。どうして 人間の成長は こんなに長くかかるのでしょうか？
それは、人間は 社会を形成し、文化・科学を有し、歴史を形成する 唯一の 動物だからです。学びとらなければならない事が多く、知識を吸収するための長い子供時代を必要とするのです。
この、人間が人間となるための長い成長の過程を、その時期、その時期の特徴を知り 精一杯成熟させていくことが人間らしい成長の上でとても重要です。

資料②身体の発育〈その2〉
図は，年間発育増加量（身長）
表は，年間発育増加量（身長平均値）1980年（「厚生の指標」29巻9号，昭和57年8月）

この時期は、きわめて急激な発育を示します。
・2つ目の山（2回目の発育急進期）
11才〜12才にかけて――6.6cm　12才〜13才にかけて――7.3cm　の増加
いわゆる思春期の発育促進と言われます。

> ★この2つの山を持つ発育の仕方は…
> すべての人に共通している ｝ 人間らしさの現れ
> 他の動物の発育には見られない

★したがって…
　中学生の時期は2回目の急進期にあり、一生に二度とない時期にさしかかっている。

③生徒用テキスト〈その3〉（資料③）

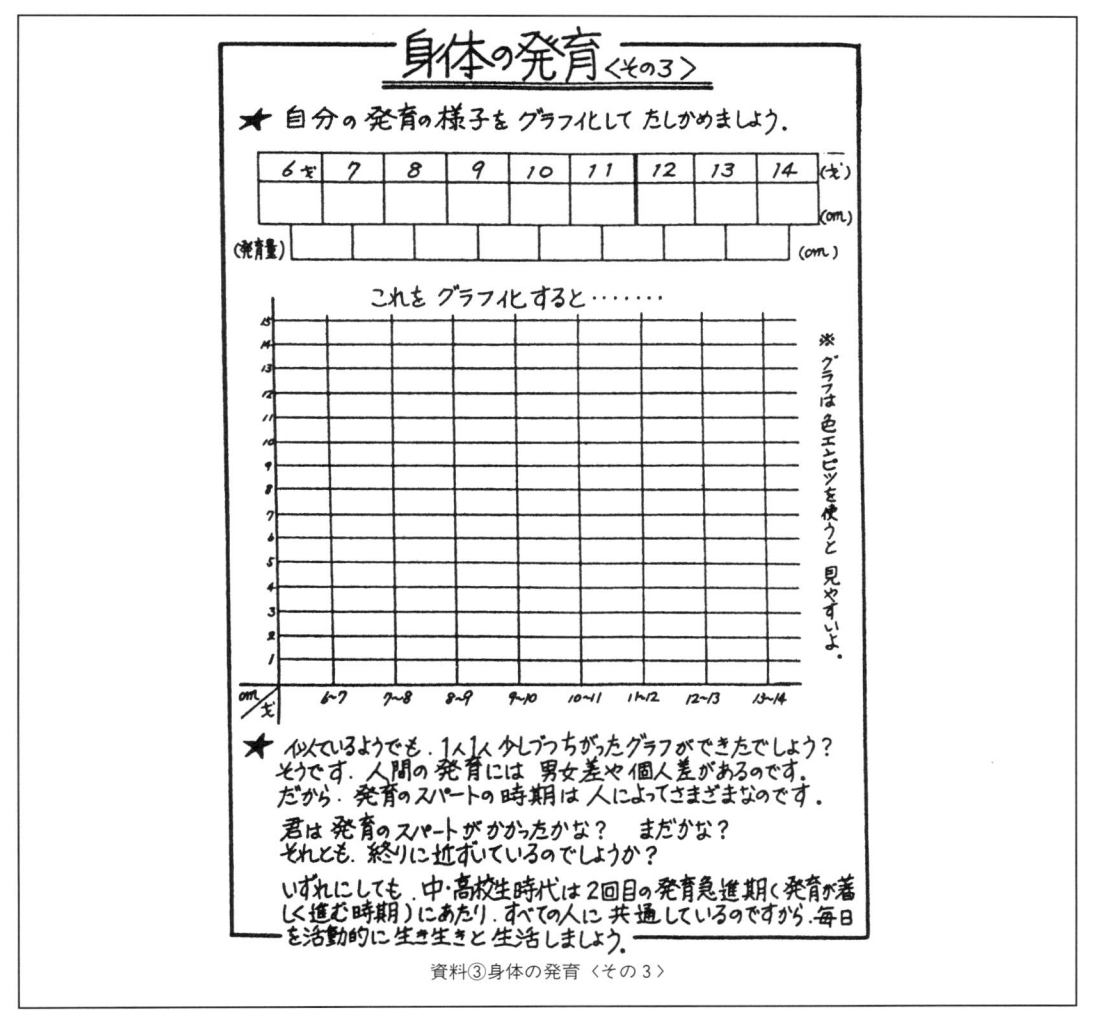

身体の発育〈その3〉

★ 自分の発育の様子をグラフ化してたしかめましょう。

| 6才 | 7 | 8 | 9 | 10 | 11 | 12 | 13 | 14 | (才) |

(発育量) □□□□□□□□□ (cm)

これをグラフ化すると……

※ グラフは色エンピツを使うと見やすいよ。

cm/才　6~7　7~8　8~9　9~10　10~11　11~12　12~13　13~14

★ 似ているようでも、1人1人少しづつちがったグラフができたでしょう？
そうです。人間の発育には男女差や個人差があるのです。
だから、発育のスパートの時期は人によってさまざまなのです。
君は発育のスパートがかかったかな？　まだかな？
それとも、終りに近づいているのでしょうか？
いずれにしても、中・高校生時代は2回目の発育急進期〈発育が著しく進む時期〉にあたり、すべての人に共通しているのですから、毎日を活動的に生き生きと生活しましょう。

資料③身体の発育〈その3〉

●教師用の解説より

〈その２〉の続きになるのですが，発育の特徴をより自覚的に捉えさせ，自己を見つめさせる意味で，自己の発育のグラフ化の作業をとり入れました。

（健康診断票）をもとに値を記入させ，小学校入学からの発育量を計算し，グラフ化をさせます。

（電卓とかソロバンを準備させると作業が早いでしょう）

自我の芽ばえとして他との比較が顕著になり，容姿に対して必要以上のコンプレックスや不安を抱くようになる時期なので，個人差や個性の指導が必要になります。

```
━━ ★グラフを友達と見比べよう ━━
・似ているようでも少しずつ違う        ｝
・スパートの時期や伸び率は人によって違う ｝
                              個人差，個性
でも，誰でもが２つ目の山を迎え，人生の中で一番
発育の進む時期を生きているのだ。
```

④生徒用テキスト〈その４〉(資料④)

●教師用の解説より

〈その３〉の計算やグラフ化の時間が学年により差ができると思います。スムーズに進んで時間の余裕があれば，是非とり入れて下さい。

少年団活動などで，体力づくりに力を入れるあまり，故障を起こすことが問題視されていますが，このことからも，「子どもは大人の小型」ではないということがよくわかります。生徒用テキストの★印にあるように，それぞれの運動能力に最も発達する時期があり，その時期に適した運動をすることがもっとも効果が大きいわけです。

```
━━ ★ですから… ━━
鍛錬ということを考える場合も，身体発達の順次性
や特徴をよく知ることが効果的であり，故障を防ぐ
意味からも大切なことです。
```

```
━━ ★中学生の時期は… ━━
呼吸，循環器が発達する時期であり，マラソンのよ
うな心配機能を増す運動が必要となります。
```

⑤生徒用テキスト〈その５〉(資料⑤)

●教師用の解説より

身体の発育 〈その4〉

〈おまけのお話〉

ところで、体の成長は、自然にほっておいて育つだけでなく意識的にきたえることが必要なのです。

次のグラフは……
1. 動作の習得
2. ねばり強さ（持久力）
3. 力強さ（筋肉の発達）

の運動能力の年間発達量を示したものです。
3つの曲線は、それぞれどの能力になると思いますか？

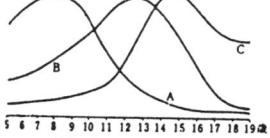

・運動能力の年間発達量

★ A …… 動作の習得をあらわし、神経系の発達をみることができます。体のいろいろな動作を習得し、上手にこなせるためには、この神経系が十分に発達することが必要です。その発達量が最も多いのは7〜9才の数年間で、10才をすぎると発達量は次第に少なくなります。だから、10才頃までにいろんな動きを習得するような運動や遊びをたくさんするといいんだよ。
（弟や妹がいたら教えてあげよう！）

B …… ねばり強さ（持久力）です。
これは、呼吸や循環器の発達、つまり心臓や肺の機能の発達をみたものであり、12〜14才の頃の発達量が大きく、この時期は心肺機能を増す運動が必要なのです。

C …… 力強さで筋肉の発達を示します。力強くたくましい体のもととなる筋肉は、15・16才頃からきたえると効果が大きいということです。

というように、訓練効果の最もふさわしい時期に鍛練すればいいんだね。君たちはちょうどBの時期、ジョギングやマラソンなどが最適というわけだ……。

資料④身体の発育〈その4〉
図は、運動能力の年間発育量（宮下充正「暮の手帖」78号，1982年より）

（栄養）（運動）（睡眠）が発育急進期にあっては発育の条件となることを知らせ，学習したことを日常の生活と結びつけて考えさせたいものです。

一つひとつについての「なぜ？どうして？」発育の条件となるのか，についての学習が次に続くことが望ましいが，今回は課題意識を持たせることにとどめ，今後，昨年に引き続き生活リズムづくりの課題とも関連させて深めさせたい。目標設定に当たっては，できるだけ具体的にお願いします。

【例】睡眠にかかわっては「早寝，早起きをする」となりがちだが，「朝は起こされないで起きる」とか，栄養にかかわっては，「好き嫌いしないで何でも食べる」よりは「朝食をしっかり食べる」というように。

> ## 身体の発育 〈その5〉
>
> ★ さぁ、君たちは今、2回目の発育急進期にあり、一生に二度とない時期にさしかかっている、ということがわかったでしょう？
>   この大切な発育の時期を望ましく成長させるためには、
>   [　　　] [　　　] [　　　]
>   などの **発育の条件** を考えた生活を送ることが大切です。
>
> ★ 目や歯の健康についても考えに入れて、君の今年の健康生活の目標を決めましょう。
>
> | 目標 |
> |---|
> | |
>
> ------キリトリセン------
>
>   年　組　名前
>   私は、次のことを目標にして生活します。
>   [　　　　　　　　　　　]
>
> ★ 『身体の発育』の学習を終えての感想を書いて下さい。
>   _____
>   _____
>   _____

資料⑤身体の発育〈その5〉

学級担任と子どもたちの感想

①学級担任の感想より

- 学級指導は資料をきちんと準備し、科学的に指導することが内面に訴える。今まで好き嫌いについて給食時などにたくさん指導してきたが、その重要性は生徒が自分のからだの成長を自覚し、その気にならないとただのやらせで意味がなかった気がする。そういう意味でからだの成長の学習は意義があったと同時に他にも生かせると反省した。
- わかりやすい資料を準備してくれたので大変助かった。単なる知識の伝達ではなく、作業を通して理解させることはさらに深化させる意味でとても重要なことなので良かったと思う。子どもたちもとても興味を持ちわかりやすく好評だった。

②生徒の感想より
- ぼくはからだの発育の学習で一番印象に残ったのは，人の成長には個人差があることだった。ぼくはクラスで一番背が低いことで悩んでいたので，このことはとくに印象に残る。これからは背の低いことに悩まず，前向きに生きて，またよく食べ，よく運動し，よく寝る健康な毎日を送りたい。
- からだの発育の学習でためになったことを，何年か後に自分の子どもが生まれたら教えてあげたい。こういう勉強はもっとやりたい。
- 私はもうそろそろ急進期を終えてしまいます。でも心はまだまだ成長すると思います。身長が人の何倍も成長したらおかしいけど，心の成長は何十倍もしてもいいよね。だから私は死ぬまでずっと心の成長期でいたいです。こういうことを思ったのも勉強したからです。ありがとう。

[2] 健康診断で大事にしてきたこと

この指導を契機に，子どもにとって意味のある健康診断であるために，教育的な健康診断を求めて思いや願いを一つひとつ具体化する試みを続けた。私が大事にしてきた要点は次の点である。

(1)子どもは主体的に健康診断に臨ませたい。
子どもは医者の前にただ肉体をさらすだけの存在ではなく，健康診断を自分のものとしてとらえさせるために「課題をもって受ける」ようにした。
歯科検診の事例
- 鏡で自分の歯の様子を調べ用紙に色分けする。
- 歯科医の言う記号の意味を知らせ，検診を受けながら，自分のう歯数，処置歯数を数え，自分の調べたものと比べる。
- 事後に正確な結果を知らせ，それをもとに「全校虫歯地図」を作り，う歯になりやすい場所などに気づかせる。

その他口腔全体についてのアンケート（児童用・父母用）をもとに，気になる点を自分で医師に尋ねるという方法で課題をもって検診に臨ませるようにした。

(2)学級担任にも主体的にかかわってほしい。
とかく健康診断は養護教諭任せになったり養護教諭が請け負ってしまったりしがちだが学校保健そのものがそうであるように，健康診断も担任には主体的に取り組んでもらいたい。担任が指導したくなる気持ちが起きるように，使いやすい資料づくりに心がけ，項目

ごとに『ショート保健指導の手引き』を作成し単にその中から取捨選択し独自の指導を組み立て，主体性をもった指導を展開しやすいように考えた。

＝＝＝ 担任が考えた指導事例 ＝＝＝

（自分の成長に関心を）

● ねらいは，１年間に増えた身長と体重を予想し，措定結果と比べ予想と結果が一番近い子が優勝というゲームをしながら，関心を引き出すことにより積極的に，主体的に健康診断に臨ませるということと，ゲームの結果のみに終始しないよう事後指導の中で各自の成長を確認させ，「みんな成長している」ことを認識させることである。

● 方法は測定する前に１年間の成長量を予想し，より実感的につかませるために身長は紙テープを切ってみる。体重は塩入りキャラクター人形を持ってみて予想する。

身長よりも体重のほうが予想の誤差が大きかったことから，重さに対する実感が身長よりもつかみづらいことがわかった。

● 事後の指導（太った＝成長した？）

ゲームの結果をたしかめている時，ある子どもから「○ちゃんが一番太ったね」という声があった。子どもたちは〝成長〟と〝太った〟ということを混同しているらしい。そこで，成長の意味を気づかせるとともに成長の速度とそれが顕著になる時期については個人差があることも併わせて指導した。

〈太ることと成長のちがい〉

㋐　　→　〜身長が同じで体重が増えた＝太った

㋑　　→　〜身長も伸びて体重も増えた＝成長した

T「○ちゃんは身長が伸びていませんか？」

P「伸びています」

T「そういう時は太ったと言うのかな？」

P「ちがう，成長した」

〈個人差について〉

「小学生の時，先生よりうんと小さかったM君という友だちは，大学生の時会ったら先生よりずっと大きくなっていたんだよ」という自分の体験をもとにスパートのかかる時期　伸び方や伸び率は一人ひとり違うことを指導した。個人差については３・４年生の段階では深い納得が得られないかも知れないが，その時期その時期で繰り返し指導することが大切ではないか。

　アプローチ不足で，実際の測定場面では具体化したものが見られなかったので，反省の上に立ち来年度また挑戦したい。

　独自で工夫し創り出した実践からは多くの教訓が生まれ，次の意欲へとつながる。子どもも教師も主体的に健康診断に臨めるような働きかけを常に心がけたい。

(3) 教え込みではなく発見のある学習にしたい。

　ごく当たり前の小さな事実でも，子ども自らから発見したことは感動や興味・関心を高め，行動意欲へとつながりやすいのではないだろうか。
　①尿検査の意義を擬人化して気づかせる。
　前半ではラップをしたビーカーに入れた３種類の尿（薄い，中間，薄い）の実物を持ち込み，生活経験との関連（熱が出た時，水分を多くとった時，汗をたくさんかいた時など）で尿の色と量の指導をし，次に腎臓の手づくり模型（図参照）をもとに形や位置について学び尿の働きと尿のできるまでを学習した。
　後半は「擬人化遊び」で尿検査の意義をつかませた。以下は後半の記録である。
T「ではこれからみんなでおしっこを作ってみます」
P「え～っ！どうやってェ～本当に作れるの？」
※体育館に図のような大きい模造紙の図を作り，道具を準備する。
T「さあ大腸から吸いとられた水分が血液といっしょに血管を通って腎臓に入ってきました。赤い血管を通って腎臓に来て下さーい」
P首から（血液）の札を下げ，手に紙を持って入る。
T「腎臓はいっしょうけんめい働きます。（とい言いながらPをぐるぐるサークル内を回らせる）今，血液は糸球体の手中をグルグルと回っています。（と言いながら**残りカス，いらないもの**）の紙を持っている子のカードを，血液からおしっこへ裏返し）血液さんは青い血管を通って体の中のアチコチに手に持っている大事なものを配ってきて下さい。

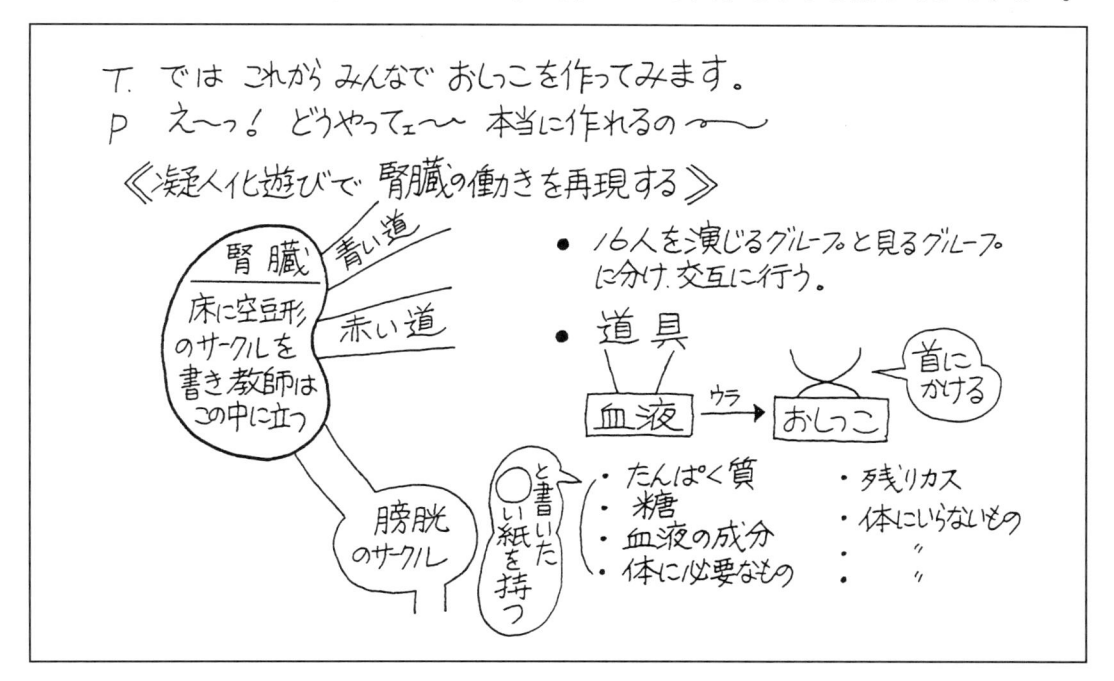

T. ではこれからみんなでおしっこを作ってみます。
P　え～っ！どうやってェ～本当に作れるの～

《擬人化遊びで腎臓の働きを再現する》

- 腎臓　青い道／赤い道
  - 床に空豆形のサークルを書き教師はこの中に立つ
- 膀胱のサークル
- ○と書いた紙を持つ
- 16人を演じるグループと見るグループ。に分け，交互に行う。
- 道具
  - 血液　→ウラ→　おしっこ（首にかける）
  - ・たんぱく質　・残りカス
  - ・糖　・体にいらないもの
  - ・血液の成分　〃
  - ・体に必要なもの　〃

おしっこさんは尿道を通って膀胱にたまって下さい。
(グループを交代して同じことを繰り返し大腸から吸いとられた水分が血管に入り腎臓に運ばれて、そこでいらないものは出すが必要なものは残すことを強調し、原尿の再吸収に注目させる)

T「はじめのグループでもう一度やってみます。(同じことを繰り返しながら**たんぱく質，必要なもの**の紙を持っている子のカードを〈おしっこ〉に裏返し膀胱へ送り出し**残りカス**の子を腎臓にそのままにしておく)

P「アレーッ先生、おしっこの人がたんぱく質や必要なものを持ってるよ。アッチ(青い血管)へ行くんでないの？」

P「だけどおしっこは膀胱に行くんだよ」

P「先生がまちがえてひっくり返したんだよ」

T「いいえ私は先生ではなく腎臓です。私はたまたまちがえたのではありません。私は疲れています。どこか病気なのかもしれません。でももう一度頑張って働きます。(グループを交代してもう一度やる。**糖，血液の成分**の子のカードをおしっこに裏返し膀胱へ送る)

P「あーまたまちがった。糖や成分は青い血管に行かないと体がこまるしよ。」

T「あぁやっぱり私は病気のようです。うまく働けません。誰か私が病気だということを早くみつけて下さい。お願いですゥ〜 (と苦しむ)

P「どうやって見つければいいの…アッそうか (と少し思いついた子がいたがどう表現していいのかわからない様子)

T「私が元気ならばちゃんと働けるから、おしっこに**たんぱく**や**糖**などは入りません。でもうまく働けない時や病気の時は、ここでの分け方がゴチャゴチャになります。誰か早く見分けて下さい。」

P「おしっこを調べて、たんぱくや糖や必要なものが入っていないかどうか見ればいいんだ！」

「しくみや働き」がわかるだけでなく「尿検査の意義をつかませる」ことに課題を集中して擬人化を考えた。3年生以上であれば理解が可能であることがわかった。

②歯科検診結果で「虫歯地図つくり」をし、その中から「どうして奥歯にむし歯が多いのか」「なぜ左右同じにうよになるのか」「虫歯は奥歯に多いけど前歯には少ない」など、自分の結果だけでは気づかないこともみんなの分を合わせて見ると、いろいろな発見がある。

気づくことによって疑問が生まれる。自らの中に生じた問いに対する学習は、おのずと能動的で納得に結びつく。教科の学習同様、健康診断の学習も、教え込みでなく学びの主

体となる子ども参加の学習にしたい。

(4) 結果から事実を見つめさせたい。
　健康診断の事後指導は結果のお知らせにとどまることが多くなりがちだが，結果を教育的に活用したいものである。
　　①測定結果（身長）をグラフ化し，発育の学習をする（前述）
　　②測定結果（胸囲）を活用し，体育の先生とTTで，呼吸，循環機能の保健学習をする。
　　　（以下に詳細を記す）

胸囲と肺活量は相関するか
●ねらい
　教科書に次のような課題が提示されている。「どうして年令とともに呼吸数が減少し，肺活量がふえていくのだろうか。呼吸器や胸かくの発育の関連から考えてみよう。」
　この課題を授業の中で確かめてみようと考え，身体測定で測定した〝胸囲〟と授業の中で測定する〝肺活量〟の値を相関させてみることにした。
●方法
　学生全員を対象とするには時間的に無理があるので，胸囲測定値の大きい者と小さい者を各10名ピックアップし，黄色のカードには値の大きい者の名まえ，青色のカードには小さい者の名まえを書いた2種類のカードを20枚準備する。
　ピックアップされた20名が次々に肺活量を測定する。黒板には2000cc～5000ccの値が書かれており，肺活量の測定値の位置にカードがはられていく。
●授業の流れ
　①肺活量計を準備して教室へ入る。
P「あ，肺活量計だ」
　「俺，測ったことあるぞ」
　「先生，全員測るの？測らせて，測らせて」
T「今日はこのカードに名前のある人20人に肺活量を測ってもらいます。」
P「なーんだ全員じゃないのか」
　「不公平だ」「俺，入ってるかな…」
T「先生はあることを調べて20人を選びました。ではまず1枚目の○君です。どうぞ」
〈○君が測定する。しっかりと口に押しつけるようにし，あわてて吐き出さず5～10秒かけて吹き込むように指示〉
T「よしがんばった！（　cc）です。（　cc）はこの位置ですね」
〈各自「肺活量測定結果記入表」に記入し名前のカードを黒板にはっていく〉

②次々に測定しカードを黒板にはる。
　　　5～6枚のカードがはられた頃、生徒たちはカードの色の違いに気づいてくる。
　P「どうして黄色と青色のカードがあるのだろう」「どうして2色なんだろう」
　　「色になにか意味があるのだろうか」
〈しかし、これらの疑問にはとくにコメントしないで次々に指名していく〉
　P「青色だ、2000ccくらいじゃないか？」「2200ccだ」「やっぱりィ～」
　T「はい、次は△君です。黄色です」
　P「黄色のカードは多いぞ。3000cc以上だと思うぞ」「わぁー△君、ガンバレ！」「おーっ
　　いった、すごいぞ」「4000cc越えた」「やっぱり多い」
　T「はい、次は□君です。青色です」
〈指名された生徒全員の肺活量が測定され各々のカードが黒板にはり出される〉
〈肺活量の多いほうには黄色のカード、青色のカードは少ないほうに位置する〉
　　③黄色、青色のカードの意味を探る
　T「黄色のカードと青色のカードがはっきり分かれました。それでは、どういう人が黄色
　　のカードだったでしょうか。どういう人が青色のカードだったでしょうか」
　P「背の高い人が黄色だと思う」「SやAは高くないよ」「太っている人が黄色で、やせて
　　いる人が青色だ」「YやAは太ってない」
　T「身体測定で測ったある項目の結果の上位10名を黄色、少ない人10名を青色にしました。
　　黄色は10名平均で80cm、青色は10名の平均が70cmでした」
　P「胸囲だっ！」「胸囲の大きさだ」

「年令とともに呼吸数が減少し肺活量が増えていくのは、年令とともに肺が成長して一度の呼吸でたくさんの空気を取りこめるように発達するからだ」という『からだの成長と発達』について、教科書では、わずか2～3行ですませている。この認識を概念の丸暗記で学習したとすれば、保健学習も色あせたものになるであろうし、本物の認識にはならない。健康診断の結果を教育的に活用することにより、成長を背の大きさだけでとらえるのではなく本物の『からだの成長と発達』についての認識が育ち、胸囲測定の意味や大切さも実感されるものと思う。

　　④塩入り人形で成長を実感させる。
　　体重の増加も単に数字だけで伝えていたが長さに比べ重さを実感としてつかみづらいことから具体物を作った（写真参照）

(5) 医師に教育実践サイドに立ってほしい。

　3秒検診と嘆きたくなる実態はあるが，私たちが健康診断をどのように考え，どうしたいと願っているのかを率直に訴え，教育的な健康診断をする上での協力者となってもらえるよう働きかけていく必要がある。

〈内科検診の事例〉

　内科検診の時，医師には一人の子どもをモデルとして「何のために何を調べているのか」を説明しながら実施してもらう。まず目をひっくり返して実際に見せ，その変化によって病気を見つける手がかりにすることを教え，両手で首をなぞりながら「お医者さんの手はね，特別な手なので指の先に目がついているんだよ。だからこうやって首にさわると…」というように触診という診断方法を知らせる。そして一つひとつの医師の行為をわかりやすく説明し，内科検診の意味を実感させていく。聴診器の説明をし，聴診をする医師に子どもが質問した。「心臓を調べているのに，どうして背中にも当てるの？」

　新しいことを知るにつけ更なる疑問がわいているのであろう。医師は空気の出入りする音を実際に聞かせ，心臓だけでなく肺の様子も調べていることを告げ，2人ずつペアにしてお互いの肺の音（空気の出入りする音）を聞かせてくれた。「うわぁすごい！」ザーザーいってる。心臓の音とはぜんぜんちがう」と子どもたちは目を輝かせ大興奮だった。一人の男の子がことのほか聴診器に興味を示し検診後もいろいろな人の心臓の音を聞いて回り，どうも一人ひとりの鼓動の様子はちがう，とりわけ子どもと大人では早さがちがうみたいだと気づいた。

　このように医師から直接の説明を受けたり質問をしたり，心臓や肺の音を聞いたりしてわかったことをプリント（P.56参照）に整理するなど，体験と学びを重視した健康診断は医師の協力があってのことである。

　最初は消極的だった医師も，やり出すと熱が入りその気になっていった。それは知る喜びを表す子どもたちの真剣な表情，興味深いまなざし，そして生き生きとした様子，それらに医師自身が触発され変わっていったのだと思う。子どもたちの持つそういう教育力をいかに引き出すように計画するかが，教師としての専門性だろうと心に刻んだ。

　小さな工夫をさまざまなことに積み重ねる中で改めて意識したことは，従来の健康診断は『子ども不在』であるということである。事前指導では一方的に意義を教えこまれ，検診中は肉体の提供者，そして事後は数値のみが連絡される。これでは自分のからだの主人公とは言えないだろう。担任や医師の参加はもとより，子ども自身が体験的に参加しながら，その過程でからだのしくみや働きを理解したり健康や発達について学び疑問を解決していくように，『子どもを主体とする』ことが学校健康診断においては重要なポイントになると考える。

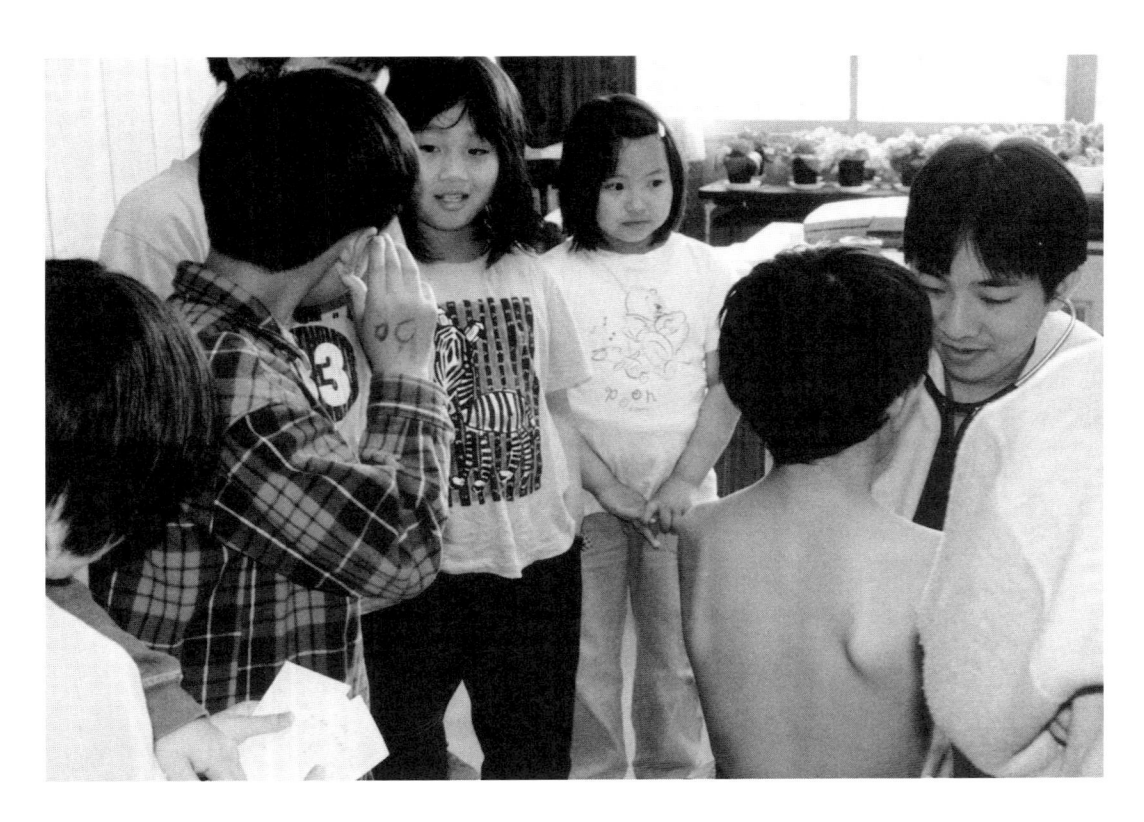

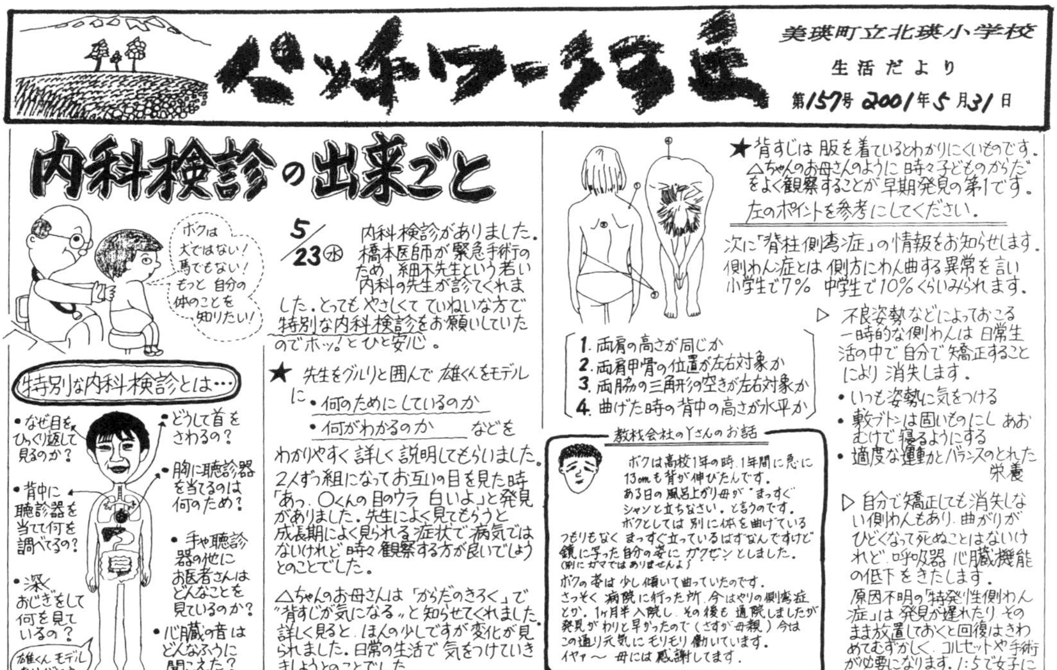

美瑛町立北瑛小学校
生活だより
パッチワークの丘 第157号 2001年5月31日

内科検診の出来ごと

5/23㈬ 内科検診がありました。橋本医師が緊急手術のため、細木先生という若い内科の先生が診てくれました。とてもやさしくていねいな方で特別な内科検診をお願いしていたのでホッとひと安心。

特別な内科検診とは…
- なぜ目をひっくり返して見るのか？
- どうして首をさわるの？
- 背中に聴診器を当てて何を調べてるの？
- 胸に聴診器を当てるのは何のため？
- 手や聴診器他にお医者さんはどんなことを見ているのか？
- 深くおじぎをして何を見ているの？
- 心臓の音はどんなふうに聞こえた？

ボクは犬ではない！馬でもない！もっと自分の体のことを知りたい！

雄くんモデルありがとう

★ 先生をグルリと囲んで雄くんをモデルに
- 何のためにしているのか
- 何がわかるのか などを
わかりやすく詳しく説明してもらいました。2人ずつ組になってお互いの目を見た時「あっ、○くんの目のウラ 白いよ」と発見がありました。先生によく見てもらうと成長期によく見られる症状で病気ではないけれど 時々観察する方が良いでしょうとのことでした。

△ちゃんのお母さんは「からだのきろく」で"背すじが気になる"と知らせてくれました。詳しく見ると、ほんの少しですが変化が見られました。日常の生活で気をつけていきましょうとのことでした。

★ 背すじは服を着ているとわかりにくいものです。△ちゃんのお母さんのように 時々子どものからだをよく観察することが早期発見の第1です。左のポイントを参考にしてください。

次に「脊柱側弯症」の情報をお知らせします。側わん症とは側方にわん曲する異常を言い小学生で7％ 中学生で10％くらいみられます。

1. 両肩の高さが同じか
2. 両肩甲骨の位置が左右対象か
3. 両脇の三角形の空きが左右対象か
4. 曲げた時の背中の高さが水平か

▷ 不良姿勢などによっておこる一時的な側わんは 日常生活の中で自分で矯正することにより 消失します。
- いつも姿勢に気をつける
- 敷ブトンは固いものにし あおむけで寝るようにする
- 適度な運動とバランスのとれた栄養

▷ 自分で矯正しても消失しない側わんもあり、曲がりがひどくなって死ぬことはないけれど 発見が遅れたり その まま放置しておくと回復はきわめてむずかしく コルセットや手術が必要になります。1：5で女子に多く 10〜14才に多く発生します。

教材会社のDさんのお話
ボクは高校1年の時、1年間に急に13cmも背が伸びたんです。ある日の風呂上がり母が"まっすぐシャンと立ちなさい"と言うのです。ボクとしては別に体を曲げているつもりもなく まっすぐ立っているはずなんですけど 鏡に写った自分の姿にガクゼンとしました。(別にガマではありません)
ボクの首は少し傾いて曲っていたのです。さっそく病院に行った所、今はやりの側弯症とか。1ヶ月半入院し、その後も通院しましたが 発見がわりと早かったので (さすが母親) 今はこの通り元気に モリモリ働いています。
イヤ〜 母には感謝してます。

(6) 子どもの要求を引き出し共に創る健康診断。

　健康診断における下着着用の是非は、プライバシーや人権の問題として取り上げられ多くの論議を呼んだ。私もTシャツ着用で実施していたが「先生はみんなの裸が見たい」と本音の要求をぶつけてみることにした。なぜならば健康診断の改訂に当っては、かつてなかったほどに「健康診断とは何か」と自問自答し、それまでの自分の健康診断の考え方ややり方を見つめ直し反省もしたし学習もした。

　そして、Tシャツ着用の検診は自分のことなかれ主義以外の何ものでもないことに気づいたからだ。案の定、子どもたちは拒否したが「みんなのからだがステキに成長しているのを先生もみんなと一緒に確かめたいと思う」と話すと、一瞬子どもたちの雰囲気がふっとやわらかくなったような気がした。

　背中のこと、アトピーなどの皮膚のことなどを話し「何よりも健康診断は、先生がする人でみんなはされる人ではなく、一緒にからだについて正しく知ることなんだと先生は思うんだけど、無理にっていうんじゃないんだよ。みんなはどう思う？」と話しかけた。

　一人二人と同意者が出る中で、最近太りぎみの子が言った。「先生に見られるのはいいけど、他の人に見られるのは嫌だから、一人ずつがいいな」子どもの要求でカーテンの中に入って脱ぐことになった。

　どの子もきちんと自己の健康とかかわる力を持ち、必要なときにはしっかりとからだを開くけれど、むやみやたらに裸をさらす子どもにはなってほしくはない。そして自分の意志で決定して要求のできる子どもであってほしいと願う。そのためには私たちも必要なことはきちんとその意味を伝えながら、正面から子どもに要求していくことが大事ではないだろうか。

　さまざまな工夫や取り組みも子どもに良かれと思って一生懸命やっている。しかし、そこには必ずしも子どもの思いや願いが反映されているとは言いがたいことがある。たとえ良かれと思うことであっても、一方的な押しつけでは子どもたちは主体的にはできない。

　子どもの声を聞きつつ要求を引き出し、時にはこちらの要求もぶつけて、共により良い健康診断を創ることが教育としての健康診断なのではないだろうか。小学校におけるこういう積み重ねが、権利主体、民主的社会の主人公を育てていくことになるにちがいない。

[3] 子育てと教育をつなぐ健康診断

　プライバシー論、健康診断不要論に疑問を持つことから取り組みを工夫し、子どもが主体の健康診断を求めてきた。そして健康診断にかける思いや願いを一つひとつ具体的に実践していき、行きついた先が「子育てと教育をつなぐ健康診断」であった。

(1) 子育てと教育をつなぐことの今日的意義

　父母との〝連携〟については誰しも異論をはさむものではない。しかし、その内実はというと、父母を単なる協力者・援助者として見るという枠から出るものではなく、学校の都合に合わせて仕事をお願いし、重要なことになると門を閉めるという批判に代表されるのが現実ではないだろうか。

　今、役割分担を内実とする連携という言葉の陰で、その実、家庭と学校、父母と教師が切り離されようとしている。だからなおのこと「子どもを育てる」という共通の課題で父母と教師が共同していく、そういう教育を創りたいと思う。

　これは学校づくりの視点から、父母の参加のルートをどう開くかという課題でもあり、そういう思いや願いや課題を自分の担当する校務分掌や教育活動を通して具体的に形にしていくことが必要だろう。

(2) 健康診断結果をもとにした家庭訪問の実施

　私たちは、きめの細かい、ていねいな健康診断を望む。しかし、ていねいに診てわかったことが、子どもや父母に返され、生かされなければ意味が薄いのではないだろうか。それは、治療や矯正の勧告や指導だけに限らず、良い結果も悪い結果も、一方では環境や教育条件の整備・改善に生かされたり、個々の結果だけでは見えない健康実態を全体像として把握し健康問題をつかむことにより、みんなの健康として共同で守り合うようにしていくことである。そしてもう一方では個々の結果が生活に生かされ、健康づくりにつながることが重要である。

　ところが結果のお知らせというのは、各検診ごとに個人あての一言通信を付けたりして、どんなにていねいに返しても、学校からの一方通行であることに変わりはない。結果からからだや生活をじっくり見つめ、生活に生かしていくことが大切である。しかも小学生の場合は、父母もそのことを理解し、側面から援助していくことが有効だと思う。

　そこで、健康診断全体の結果をもとに、子ども・父母・養護教諭の三者の話し合いの中で、子どもが自分の生活課題をつかむことを目的として家庭訪問を実施することにした。

(3) 実施要領
　① 実施の理由
　　●結果を生活との関連でとらえ、日常生活に生かせるようにしたい。
　　●健康診断も、父母と共に創りたい。
　② 実施の目的
　　●発育・健康の実態を、子ども・父母と共にしっかり把握する。
　　●生活を見直す機会とする。

●努力目標を三者（子ども・父母・教師）で共に探す。
●父母の願いや要求・考え方などをつかむ機会とする。
③　実施の方法
●父母との話し合い──主旨を明確にする。（子育ての共同）
　　　　　　　　　　生活の様子や子育ての交流をする。
●子どもを含めた話し合い──実態を見つめ，健康生活の目あてを相談する。
●足型（土踏まずの形成）の調査をする。

> ─── ★なぜ「土踏まず調査」を組み込んだのか ───
> ●全校12名中，1年生が5名を占めていることから，入学までの様子を把握する一端とする。
> ●学校で実施し，父母に知らせるというよりも一緒に調べたほうが「土踏まずと生活」との関係がより理解される。
> ●健康診断の項目は，学校の実態によって決めることができる。
> ●話し合いだけでなく作業を取り入れた方が，訪問にメリハリができる。

(4)　家庭訪問の事例（結果から）

①学校だけではわからない生活が見えてきた

　Uは左右不同視の強い子だった。家を訪問してすぐに感じたことは，家族の座る位置がとてもはっきり決まっている家庭で，彼女の座る位置とテレビとの関係がきわめて悪いということだった。そしてハッと思ったことは，最近相次いで起こった2件の事故である。一つはマラソンの練習中，コースの角にある灯油タンクにぶつかっていったこと。もう一つはサイクリングでの転倒である。2件とも貧血などのからだの変調はなく，突然自分からスッと寄って行って起こったものだった。この2件の事故と不同視とのはっきりした関係は定かではないが，テレビの位置の工夫を提案してみた。

　不同視は1段階しか縮まっていないが，視力の低下は防げており，中学校に行ってからも正視を保っているとのことだ。

　Mは少し小太りの1年生の女子である。「子育てのことで気になることや困っていることはないかい？」と聞くと，「あのとおり，先生と一緒で，これでしょ」と，手で太っているゼスチャーをした。苦笑いしながらいろいろ話していると，家の中のあちこちにアメの缶やお菓子の箱が無造作に置かれていることに気がついた。これを撤去し，〝おやつは決めて食べること〟〝勝手に探して食べないこと〟などの合意を，その理由などもまじえてじっく

りと語りつつ，取り組んでみることにした。そして成果（変化）を確かめながら，励みにしていけるように，学校と家族と本人でやり方を話し合った。このような個別の中では，必要によってローレルやカーブ指数も資料としたり，計算尺の貸し出しも有効である。

この2つの例は，子どもの生活の場に入ってみて，はじめて見えたことだった。

②父母の不安や悩みに応えて

さて，おいとましようと思った時，Yのお母さんが思いつめたように話し出した。Yが"包茎"ではないかと心配していたのだ。Yの家は母子2人の母子家庭である。お父さんがいれば何のことはない悩みも，お母さんにとっては不安なことだった。私は"すぐには命にかかわることではないので"宿題"とさせてほしい"と申し出た。しっかり調べてきちんと答え，これからも率直に話し合い，一緒に学び，力を出し合って子育てをしていく，そういう関係をつくり出したいと思ったからだ。後日のお母さんとの語らいの中で，お父さんとの離婚のことや将来の希望などを聞き，父母と教師としてだけでなく，女同士として夢を語り合い，絆が深まったような気がする。

他の地域から移り住み，母子2人で肩寄せ合って生きる彼女にとって，心通じる人間の一人でありたいと思う。

③親の思いと子の思いをつなぐ

Kは学校の給食が大好きで，好き嫌いもほとんどなく，大変好ましく思っていた。ところがお母さんに「何か心配なことはない？」と聞いたところ，「ご飯をあまり食べないんだよねぇ」と，食の細さが気になるというのだ。給食はほとんど残さず，時には率先しておかわりをするほどの子だったので，意外なことだった。ローレル指数100を切るほどにやせている子なので，お母さんも心配なのだろう。そこで本人に聞いてみたところ意外な答えにビックリした。「だって給食はおいしいけど，家のご飯はあまりおいしくないんだもん」お母さんも苦笑い。食事を支度するお母さんの手伝いをするなど，できるだけ一緒に食にかかわる方向で，家庭での食事に気持ちを向けさせてみようということで一件落着となった。

④その他

Mの虫歯治療は完璧だった。結婚前は歯科医院に勤めていたというお母さんは，3人の子どもたちの虫歯は早期治療に心がけてきたという。ところが，全部治してあっても治療歯の数がかなり多く，イタチごっこの様子が資料からよく理解できた。「新しい虫歯をつくらない」を課題として取り組み，生えかわりを待つことにした。

Tの視力は，ニカウさん並みに抜群で，動体視力もすぐれていた。お母さんの話では，小さい時から家の中より外の好きな子で，遊びはもちろん，外仕事もいやがったことがなく，よく働く子だったとのこと。本もあまり好きではないが，ゲームもほとんどしないという。彼は「養豚や畑の仕事をがんばる」という目あてを決めた。

2−3
一人ひとりの疑問や不安に答える「健康評価」を組み込んだ健康診断

山梨八重子

[1] わいてくる疑問

　一日集中型で展開する健康診断が本校のやり方である。当日の午後は各科健診が組み込まれる。その時，養護教諭は器具の消毒にかかりっきりの状態だ。人数分が揃わない器具を回転させるために，片っ端から消毒しなければならない。煮沸消毒は危険性も高いので，生徒任せにはできない。消毒しながら，「なんだか変だな，これでいいのかな」という思いがしていた。「どの学校の養護教諭もやっていることなのだから，しかたがない」とも思っていた。でもどう見ても消毒が養護教諭の専門性を発揮する場であるとは思えなかった。当日運営の全体指揮も，運営上重要な仕事ではあるが，これも養護教諭の専門性を発揮するすべではない。一日集中型で実施する健康診断で我々養護教諭が，その専門性として求められているものは何かという問いが，その底にあった。

　そんな折ある研究会で，健康診断を学校外で各家庭が行い，結果を報告させる方式を提案したレポートが出された。学校の健康診断の精度が低いこと，学校五日制完全実施による行事削減などがその理由にあげられた。その時本当にそれでいいのか，学校であえて実施する意義は何かという問いが明確に私の中にわいてきた。

「健康評価」という試みはこのような問いへの一つの答えとして私が試みたものである。ここでいう「健康評価」とは，「子どもが健康診断の結果を事前の保健調査とつきあわせながら，その事実を受けとめ理解し評価するそのプロセスに積極的に働きかけ援助すること」である。

[2] 子どもの声に応じた取り組み

　健康診断の教育的意義を問い直すにあたって，健康診断が子どもの思いや要求を受けとめ実現しているのかという視点から問い直すことが重要ではないかと考えた。やらされているだけの存在から，子ども自身が自分の権利として，自分の成長や体の状態や働きをとらえ，どのような生活を組み立てていけばよいのかを問い直していくこと，そのためにどのような社会的な援助を要求すべきかをとらえていく力を育てる出発点として，健康診断

が機能しなければならないと。そんな思いから，これまでも子どもの健康診断への要求をなるべく実現するように取り組んできた。

　たとえば検査着。心電図検査では上半身をさらさなければならない。そこで検査業者から知恵を借りて，簡単に作れる検査着を用意した。この検査着はエックス線撮影，内科検診でも使用している。子どもたちはこれをポンチョと呼ぶ。待ち時間をなるべく少なくという子どもの要望にも応えながら，待っている間も安心できる。人前に裸をさらすことになれていない子どもたちにとって，またプライバシーの問題からも不愉快な健康診断のイメージを残さないためにも必要な配慮である。

　このほか子どもたちから，自分の計測数字を周りの人にわかってしまうような「大きな声での呼び上げをやめてほしい」という声も出てきた。これは教師たちにその旨を説明し，体重計は数字が表示されるセパレート型に買い換えた。

　また，内科の医師についても，女子からは女医さんを要望する声が大きい。校医にも頼み女医さんの確保を行っている。ていねいな検診という視点と待ち時間を減らしてほしいという要望，さらに保健委員会の生徒からの全体進行の視点から，健康診断にあたる医師の数を増やすよう要求があがった。その要求を受けて，各科の医師を検診内容や時間とも合わせて増員してきた。

　このように，子どもたちの健康診断への要求を組み込んで，展開してきている。しかし，これらの要求はどちらかといえば，目に見える，見えやすい要求にとどまっている。もちろんこれらの要求を実現していくことは，教育的な意義を持っている。けれども子どもたち自身が健康を創り出していく学習の場として，健康診断が生かされているとは言い難い。「子どものもの」としての健康診断は，その場が学校という教育の場であることを重ね合わせたとき，学習の場としてもっと意識する必要があるのではないだろうか。単に健康管理としての健康診断だけにとどまらない活動こそが，健康診断の教育的意義を追究していくと考えたのである。

[3]「健康評価」をどう共有化するか

「健康評価」の発想は，一連の健康診断の流れに位置づけられた総合評価からである。それまで一日集中型の展開では，総合評価は実現できていなかった。校医の多忙さもさることながら，学校でこれ以上の時間をさくことができなかった。また，校医による医学的な評価という，一方的なものになってしまうだけではつまらない。「子ども自身の不安や考え，疑問などを出発点にしながら，成長した自分を認める場」として，また「それを支えた生活のありようを肯定的に認める場」として膨らましていきたい。言い換えれば，子ども自身が自分の健康や体や心，そして生活を前向きに主体的にとらえ，創り出していく意

欲をわかせる場，それらを学ぶ場として位置づけていくのである。まさにここに健康診断の教育的意義があるのではないかととらえた。

まずこの考えを，他の幼稚園，小学校，高校の養護教諭に提案し共通理解を図った。養護教諭の専門性という視点，健康診断の教育的意味という二つの点から賛同を得ることができた。四附属学校の養護教諭がチームを組むことが，「健康評価」実施のマンパワーの点で不可欠なのである。

最初にクリアしなければならないのは，消毒という仕事から養護教諭が解放されるための方策である。これはエイズなどの感染問題から，一人一つの器具という通達を根拠に人数分の器具を購入することができた。

まずは中学校で試行実施という案で，四附属保健部会に提案することになった。その前に中学校の保健安全部会に諮ってみた。教員はその意義を認め賛同が得られた。時間的にも健康診断実施日に展開することで，時間的な問題はクリアできた。また，自分たちが人間ドックを受けたときの思いから，健康診断を受けた子どもたちの戸惑いを理解でき，「健康評価」の場がそのような思いを解決するのに有効であるととらえたようだ。

四附属保健部会は各附属校の養護教諭と保健主事，校医，歯科校医，薬剤師，事務官から構成されている。いよいよ幕は上がった。

歯科医は積極的に支持を表明してくれた。しかし校医は，「主旨は賛同できるが」と前置きし，「時間がかかりすぎる」との理由で賛成しかねると言う。雲行きが怪しくなってきたその矢先，幼稚園の保健主事から「私が子どもの頃，健康診断をやっても結果がよくわからないことがあった。だから，このような場は子どもから見たら必要なのではないか」という意見が出てきた。この意見で実施に向かって校医も動いた。結局，中学校が試行ということで実施。小，高の養護教諭がチームとして参加した。

ところが，私がもくろんだもう一つのことは実現できなかった。それは「健康評価」の場に校医も参加し，医学的な専門家の意見を聞きたい子どもたちに対応することであった。しかし，イメージがなかなかできなかったようだ。インフォームド・コンセントの重要性が言われる中，子どもの時から医師に臆することなく，自分の健康や体について話し合う勇気を育てていかなければ，真のインフォームド・コンセントは成り立たない。その機会として期待していたものだ。でも「健康評価」を実施している時間帯にまだ各科の医師がいるように時間を配せば，再度子どもに聞きに行かせることはできる。そう思ってここはよしとした。

こうして，四附属で「健康評価」に向けて，足並みをそろえていける見通しがついた。それにしてもこの話し合いの中で改めて気づくのは，健康診断を時間的な効率性という視点でとらえすぎていることである。健康診断がやらされているものになり，形式化し形骸化へと進んでしまう大きな要因であろう。

[4] 中学校での「健康評価」試行実施

　中学校での実施は，対象を中学一年生140名とした。全校にまで広げるには，専門的なマンパワーが足りないからだ。スタッフは小学校の養護教諭と私，そして担任団から保健体育の女子教員の３人とした。高校の養護教諭は産休に入り，幼稚園は非常勤の養護教諭であるため，養護教諭は小中２名のスタートとなった。

　これまでの健康診断の結果から，どのようなものがあがってくるかを各科や検査ごとに予想し，それらにどう答えていくか資料づくりを行った。歯科の説明では，歯肉の腫れや汚れなどがわかるように写真を用意し，自分の歯の状態が予想できるようにした。

　「健康評価」を実施する際おさえておかなければならないことは，健康診断の結果，問題を指摘されることがない子どもたちへの働きかけである。事後措置や指導では，病気や異常を指摘された生徒への指導に終始してしまう。実際，学校にいる生徒たちの多くは健康である。この子たちから見ると，「健康診断なんてやっても無駄」という雰囲気がある。まさに「仕方がなくやらされている」状態だ。そこで担当するスタッフに一番強調したことは，「健康であること」「成長・発達している」という事実をきちんとおさえ，「よかったね」「いい生活を送ってきたね」と評価することである。健康であることを確認することの大切さ，成長発達している自分への肯定的なとらえ方を育てることができるのではないかと考えたからだ。そうすることで，健康診断の意義を積極的にとらえることができるようになるのではないかと。以上を共通理解するために，担当者用資料を作成し説明を行った。こうして１対１の面接型の健康評価が始まった。

　１年次は，予想以上に時間がかかったことから，生徒たちから健康評価という設定自体は理解され支持されたものの，いくつかの点で改善点があがってきた。一つは待ち時間が長いこと，もう一つはもっと詳しい説明がほしいという声であった。これらは２年次への改善点としていくことにした。また自分の疑問点などを再度医師と話し合う機会を持った生徒は２名。この相談相手になった歯科医師は，その後の検討の場で健康評価の良さを改めて評価してくれた。６月健康診断の総括として設定された四附属保健部会で，中学校の試行の結果を，生徒アンケートを中心にまとめて提出した。それぞれの形で参加したメンバーから，その意義を評価する発言をしてくれた。校医も「なかなかよいことだ。今後も継続してみたらどうか」と評価してくれた。

[5] 小学校，高校での取り組み
　　－発達段階や健康実態をふまえた健康評価のあり方－
　２年次は小学校，３年次は高校と「健康評価」を組み込んだ健康診断が実施されるよう

になった。小学校では6年生を，高校では1年生がその対象である。各学校段階で実施するようになると，本校のようにそのまま持ち上がって入学してくる生徒にとっては，計3回「健康評価」を受けることになる。そこでそれぞれの学校段階での特性を組み込んだ「健康評価」のあり方が次の課題となる。

3年次当初，小，中，高校の養護教諭が話し合い，各学校段階での子どもたちの健康問題や生活問題をもとに，どこに着目して「健康評価」を行うべきかを詰めていった。

その結果，小学校では「歯科の記号がわからない」という子どもの声から，自分の歯や歯肉がどのようになっているのかを理解することを，中学校では成長の著しい時期であることから，小学校からの資料を活用しながら，成長の事実に注目させること，高校ではダイエットに走る生徒たちの実態から，生徒たちが自分の身長と体重のバランス感覚を問い直すようにBMIを計算し，各自の身体感覚を見直すことに焦点を絞って取り組むことになった。

小学校の実施は，養護教諭の3名と担任1名。中学校では養護教諭3名と担任2名，高校は養護教諭3名と保健主事1名というスタッフで担当することになった。いずれの学校でも健康診断の前に自分の感覚で，視力の低下，齲歯の増加，歯肉の腫れ，体重身長のバランス，耳鼻科，眼科の疾病や異常の有無を判断し予想させる場面を設定し，それを結果とつきあわせる作業をするワークシートを用意した。

3年次を迎えた中学校では，さらに一般教師からも詳細な情報を流せるように，各科ごと予想される疾病や異常についての配布プリントを作成し，チェックされた生徒に渡すようにした。これは，生徒から提案された改善アイデアを実現したものである。

また，歯の汚れや歯肉の腫れを指摘された生徒が多数いることから，指摘された生徒に対して，染め出しの錠剤と使用説明書を渡すようにした。その結果，詳細なプリントや染め出しの配布に対して，該当した生徒たちから大きな反応が得られた。自分の健康に対して診断された点に予想以上に関心を持っていること，とくに染め出しをもらった子どもからは，早速試して自分の汚れ方を確認し，「ていねいな歯磨きの必要性がわかった」いう声が返ってきた。

何かが動きだしたという感じがした3年目。「子どもたちのもの」としての健康診断，教育現場で実施する健康診断が少しずつ見えてきた。確かに「健康評価」を組み込んだ健康診断は手がかかる。効率性という視点だけで進められがちの健康診断に，逆に「手間数かけるべきところは何か」を問い直すことになった。

[6] 子どもからみた「健康評価」

「健康評価」に対して，子どもたちは「あるほうがよい」と支持する。その背景にさまざ

まなことがある。しかしもっとも大きいのは「自分のことを，一緒に考えてくれる」という心強さかもしれない。現在の自分にとって，「健康評価」の必要性には否定的な子どもも，もっと広い視野から見たときは，「健康評価」という場を必要なのではないかと支持している。その理由は「もしも不安や問題があると言うとき，このような場があればいい」「自分は今回健康で何の問題もなかったからなくてもいいが，もし病気があるといわれたら，このような場があれば助かる」などである。

自分の健康をとらえるとき，これから「もしも」という状況に置かれたならばその時，不安な気持ちや心を支えくれる場として，「健康評価」のような場が必要であることに気づいたといえる。自分たちのよりよい健康を実現するために，社会がどう変わることを望むのかということにつながっていくのではないだろうか。

3年間の取り組みの中でもっとも響いた子どもの言葉は，「健康診断の結果がはじめてよくわかった」というもの。わかっていると思い込んでいたが，中には健康診断の結果を正確に理解することさえできていなかった実態を思い知らされた。確かに歯科の表に書かれる記号は煩雑で，大人でさえ難しい。それを思って解読するための資料を配布していた(P.69～P.73)。しかしそれさえ見ようとしない子どももいる。配布する時期を歯科健診直後各会場の出口に切り替えてみた。それだけでも随分違う。結果が出たときその瞬間は確かに関心はある。「その時」がチャンスなのだ。フィードバックは早いほど効果が高いのだと言うことを改めて思い知った。「健康評価」もその日だからという点が大きい。1対1で向かい合うとき，子どもも真剣な表情である。自分の体や健康に何の興味も関心もないという訳ではない。ただその関心や興味を育ててこなかったのかもしれないと思うのである。

[7] 教育としての健康診断の実現に向けて

「健康評価」一連の取り組みでみて，以下のことが可能になるという手ごたえが得られた。
① 子どもが持っている生活感覚や身体感覚を使って，自分の体の状態を予測する場を組み込むことで，健康診断の結果に関心や予想を持って参加できるような働きかけができる。
② 子どもがそれぞれの健康診断の結果を，一つの事実として正確に理解する働きかけができる。
③ 成長した事実，異常がなかったという自分の体に対しての喜びを一緒に共感し，これまでの生活を改めて振り返る契機とできる。
④ 指摘された事実に対する疑問を再度確認し，解決するために専門の医師を活用する方法を示し，実行することを励ますことができる。
⑤ 指摘された事実に対して，具体的どうしたらよいのかという解決への意欲を持たせる

ために，その子どもになし得る方法を提案し，子ども自身が選択し，実行していくことができる。

　大人になっても，健康診断を受け身でしか受けていない。体に異常がない，生活に支障がなければなおさらである。他律的な健康管理が，我々の体にしみ込んでいる。これを自立的なものに変えていくために，質の高い「自己決定」ができる力をつけていく場が求められていると言える。学校という教育現場で行う健康診断は，まさにそのような学習の場の一つではないだろうか。効率性のみを優先させたやり方は，この視点を見落とし，受け身の姿勢を助長してきたのではないだろうか。そんな思いが，この取り組みを通して私の中にわいてきた。

[8] 小・中・高で連携した「健康評価」の取り組みから考えたこと

　各学校段階で実施することになって，それぞれの発達段階で問題となることを洗い出し，「健康評価」の重点化を図ることにした。日常の子どもたちの実態を問い直し，それに切り込んでいくことになった。これは単に「健康評価」だけの課題ではなく，健康診断で実施する項目そのものも検討するべき課題である。それぞれの発達段階やその集団の健康実態や生活実態から，今何をその項目に入れるべきか，どういう検査方法が必要なのかをそれぞれの学校で組み合わせていくことを可能にする必要があるだろう。まさに規制緩和である。何でも，上から決められたことをそのままやれば終わりという姿勢そのものが，主体性や専門性を放棄しているのかもしれない。

　また，この取り組みでは，各学校の養護教諭がチームを組んでいる点が特徴である。養護教諭一人では展開できないものでも，複数の養護教諭がいることで可能なプログラムなのだ。ふだんは一人でも，大きなプログラムや内容によっては，このように複数でチームを組んでいくという柔軟な発想が大切だ。チームを組み，マンパワーをあげることで，健康診断の教育的意義や意味をより明確に押し出していけたからだ。これは，地域の学校でも，それぞれの地域の学校がチームを組むことで実現できるのではないだろうか。

　そして何よりも，仲間の知恵が一人ひとりの勇気になって，新しい活動や中身を校内で提案し，推進していく力になっていくと痛感できた。支えられているという実感がやっていこうという意欲になっていくのがわかる。

[9] 取り組みから6年目を迎えて

　取り組みから6年目。各学校では年々改善を加え，よりスムーズにかつ効果的なものとなるように工夫を加えてきた。一つの学校の改善は他の学校のヒントとなっていった。

また，マンパワーも充実してきた。幼小中高の4人の養護教諭と各学校の担任団2ないし3人，総勢6～7人体制である。ある担任教師から「こんなに一人ひとりの子どものよいことをほめてあげられたのは，よかった」という声を聞いた。担任の先生も子どもの成長や発達，健康状態をじっくりと見つめてくれる機会になった。ゆっくりと相手の疑問などに耳を傾け，励ましを送ることができる自分を感じるとき，「ゆとり」の大切さをしみじみ感じる。担当する最後の生徒まで，精神的なゆとりを持ち続けられる体制が大切だと。

●参考文献
1)「委員会が担い手の健康診断－健康診断の舞台で光を浴びて－」(山梨)
　《健》第25巻1号1996年4月
2)「生徒一人一人が主役の健康診断に向けて」(山梨)
　《学校保健のひろば》No.5 1997.4
3)「健康評価を組み込んだ健康診断の試み－健康診断の教育的意義を問い直す－」(山梨・他)
　《日本教育保健研究会年報》第5号　1998年3月
4)「健康評価を組み込んだ健康診断の取り組み　第2報　－中学校での取り組み－」(山梨)
　第43回日本学校保健学会講演集　1996年11月
5)「健康評価を組み込んだ健康診断の取り組み　第3報　－小・中・高の発達段階や健康実態を踏まえた重点化の試み－」
　第45回日本学校保健学会講演集1998年11月
6)「健康評価を組み込んだ健康診断の試み　第4報　－健康評価を支持する児童と支持しない児童の比較検討（小学校）－」
7)「健康評価を組み込んだ健康診断の試み　第5報　－健康評価を支持する生徒と支持しない生徒の比較検討（中学校）－」
8)「健康評価を組み込んだ健康診断の試み　第6報　－健康評価を支持する生徒と支持しない生徒の比較検討（高校）－」
9)「健康評価を組み込んだ健康診断の試み　第7報　－小・中・高を通した児童・生徒の健康評価に対する受けとめ方の検討－」
　第48回日本学校保健学会講演集2001年11月

歯科について

□ 虫歯（う歯）はどうして起こるの？

　虫歯は処置しないでおくと、どんどん悪くなります。自然に治ることはありません。虫歯はミュータンス菌が出す排泄物と甘い物食べ物のカスが一緒になると酸が作られ、その酸が歯の成分を溶かしてしまうのです。

　ミュータンス菌は誰に口の中にもいますが、その量や強さが人によって違います。虫歯になりやすい人はその量が多く、強く、一方歯が酸に対して弱いために起こります。だから虫歯のある人は治療するだけではまたすぐ虫歯になってしまいます。

　そこで虫歯にならないようにするために、ミュータンス菌の食べ物になる食べた後にすぐに、食べカスを取り除くこと。これには歯磨きです。虫歯になりやすいのは、前歯より奥歯。それは磨きにくいところなのです。磨き方をもう一度チェックする必要があります。歯が磨けないときは、うがいやお茶の飲むこと手もあります。まただらだらと甘い物を食べると、虫歯が発生しやすいことも確かめられています。家に帰ってから食生活はどうですか？まずは歯科医に予約しましょう！！

□ COって何ですか？

　COとは虫歯予備軍のことです。COの歯をよく見てください。すこし白っぽくなっているはずです。これは歯の中のカルシウムが溶けだしはじめたからです。これがさらに進むと虫歯になっていくのです。ただしあなたがていねいににみがくこと、カルシウムをたくさん取ることで健康な歯に戻るのです。虫歯になる前のサインです。半年後でチェックしてもらってください。健康な歯にもどっているかな。

□ 歯肉炎って何ですか？

　歯肉炎とは、歯を支える歯ぐきが赤くなって、歯から浮き上がっているいる状態です。これがさらに進むと歯槽膿漏（しそうのうろう）になり、歯が支えられなく抜けてしまう病気になります。歯肉炎になるとリンゴなどをかむとすぐ血が出てしまうのです。歯ぐきの表面の皮膚が弱くなって破れてしまうからです。

　治療と予防は歯ぐきのマッサージ。歯みがきのし方を歯科医でおしえてもらいましょう。また歯石を取り除いてもらってください。

□ 歯列やかみ合わせが悪いといわれたけれど？

　歯の並び方が悪かったり、上の歯と下の歯がきちんとかみ合わさっていない状態です。歯並びが悪いと歯みがきがしにくく、虫歯になりやすかったり、見た目が悪くなります。歯並びが大きく乱れていると、発声や発音にも影響を与えると言われているます。気にするかどうかも関係しますが、一度歯科医に相談してみましょう。

　かみ合わせは、下の歯が前に出てしまったり上の歯が極端に前に出てしまったり、左右がずれていたりとさまざまです。本人はこれまでかめていますので、それほど困ると感じてはいないと思います。生命に危険があるわけでもありません。「見た目」でしょう。これも一度歯科医に相談してみたらどうでしょうか？

　どちらも高額のお金がかかります。おうちの人とも相談が必要です。治療には長い期間がかかります。歯科医によく相談して、おうちの方ともよく相談してみましょう。

内科編

☐ 心雑音って何？

　心臓のドキドキという音に、すこし雑音が聞こえる状態です。心臓になんの異常もないけれど聞こえる人もいます。異常があるかどうか、2次検査をしてみましょう。2次検査は**5**月です。

☐ 側わん傾向って何？

　背骨が左右に少し曲がっている状態です。成長期のころ表れる変化です。ひどくなると外からみてもわかるようになってしまいます。左右に大きく曲がると、胸部や腹部に入っている内臓にも影響を与えその発達や働きが十分にできなくなってしまうのです。一度曲がると自然に治ることはありません。ですから一度専門医にチェックしてもらう必要があります。定期的に計測してもらい、必要に応じてコルセットをつけて曲がった背骨を矯正します。原因は今のところよくわかっていませんが、毎日持つ鞄の形や持ち方、姿勢、背筋を鍛える運動の不足などが影響していると考えられます。両方の方に均等に力がかかるリュックや背筋を鍛える運動、勉強や普段の姿勢をのばすなどちょっとしたことが、側わん傾向を止めたりなおしたりできます。

　とりあえずすぐに専門医にチェックを受けましょう。この段階ならそんなに心配はありませんから、専門医のアドバイスに従って生活を見直してみましょう。

☐ アトピー性皮膚炎って何？

　アレルギー物質の刺激で皮膚がかゆくなったりあれたりし、かさかさになった状態です。アトピー性皮膚炎では皮膚が弱くなっているので、汗や洗剤、プールの塩素などでもぴりぴりと刺激されます。学校の水泳のとき刺激されるようでしたら、参加については体育先生に相談してみましょう。

　どんな物質が刺激になっているかは、人によって違います。はじめてこの症状がでて、アトピー性皮膚炎と言われた人は、一度皮膚科の専門医で検査してもらい、何がアレルギー物質かチェックしておきましょう。

　学生服のつめえりやカラーが首に当たって、アトピー性の皮膚が悪化する場合もあります。特に体育や部活で汗をかいたら、水で洗ってきれいにしておきましょう。学校生活で困ることがあったり、症状がひどくなるようなことがあれば相談してください。対策や対応を考えてみましょう。

耳鼻科編

□ 耳こうせんそくって何？

　これは耳あかがたまり固まっている状態を言います。この状態では聞こえ方が悪かったり、シャンプーやプールの時水が入った場合細菌が増えて外耳炎や中耳炎になることがあります。固くなっているので、耳鼻科で取ってもらった方がよいでしょう。素人がとると鼓膜や耳の穴（外耳道）を傷つけてしまうことがあります。

□ 扁桃腺肥大って何？

　口の奥、左右にある扁桃がはれている状態です。扁桃腺はウィルスや細菌が入って来たときの関所。扁桃腺がはれて高い熱が時々出る人もいます。その場合は一度耳鼻科で相談してみましょう。侵入者があった時扁桃腺がはれるのは、誰にでも見られるものです。今かぜなどをひいているようでしたら、はれていてもそんなに心配ありません。

□ 中耳炎って何？

　鼓膜の中に中耳と呼ばれる場所があります。そこに細菌やウィルスが入り込んで炎症を起こしているのです。鼓膜が赤くなったり、ひどくなった場合は、鼓膜が破れてうみが外耳道にでてきている状態です。

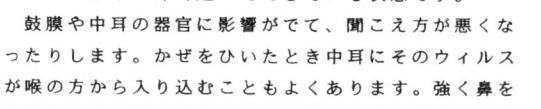

　鼓膜や中耳の器官に影響がでて、聞こえ方が悪くなったりします。かぜをひいたとき中耳にそのウィルスが喉の方から入り込むこともよくあります。強く鼻をかむと、その勢いで入ってしまうのです。早めに耳鼻科で治療してもらいましょう。プールの授業前には治療が終わっているようにしてください。

□ 聴力検査で？がついたのはなぜ？

　ちょっと聞こえ方がはっきりしないようです。たぶん緊張したり、検査の仕方によるものと考えられます。再度検査してみましょう。

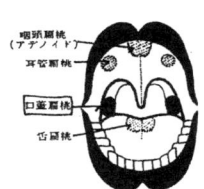

視力・眼科編
- 要検眼、視力の下がった人

　近い物をよく見るようになると、近視になっていきます。近視については、「生活環境に合うようになった」と考える医師もいます。ただし0.3以下になると生活上も不便です。教室の一番後ろの席から黒板の字が見えにくかったり、また近づくことができない掲示物、例えば駅の料金表など見えないので困ります。また経験的には、美術などで正確にスケッチするとき、光の明暗の識別が弱く、めがねなどをかけるとその違いがはっきりとします。最近もコンタクトレンズを入れたK君が言っていたのが印象的でした。「レンズ入れると、こんなに世の中が明るいとわかったよ。クリアーで色がきれいだ。」めがねをかけた人の多くが経験することです。0.3以下になったら、めがねなどの力を利用しましょう。情報の70％は目から入ってくるものです。見にくいとつい目を細めてしまいます。にらんでいるように見えるので、印象がわるかったりしわができてしまいます。

　片方だけが悪い人も一度検眼してもらいましょう。よい方の視力がさがってしまう例もよく見られます。片方だけコンタクトレンズで調整することもできます。眼科医に相談してみましょう。

- アレルギー性結膜炎、結膜炎って何？

　アレルギー性結膜炎は、アレルギーによっておこった結膜の炎症です。アカンベーをして、鏡で見ると赤さがひどいことや透明のブヨブヨとしたゼリーのようなものができていたりします。一方結膜炎はウィルスによっておこる結膜の炎症。こちらは伝染していくものです。早めに眼科で治療してもらいましょう。

　アレルギー性結膜炎がひどいときは、眼科で見てもらいましょう。校医の先生はホウ酸2％の液で、目を洗う道具をつかってアレルギーの季節になると洗っているそうです。これについては保健室に相談してください。詳しい情報をお教えします。

- 麦粒腫って何？

　麦粒腫とは「ものむらい」って呼んでいるものです。まつげの毛根に細菌が入って化膿したもの。すぐ眼科にいけばすぐ治ります。

資料「健康評価を受けてわかったこと」
・歯磨きの時、歯茎が痛むのは磨き方に問題があるといわれたこと。
・歯科の記号の見方がよくわかった。
・自分の体を総合的にみてくれてよかったし、役に立つと思う。
・眼科や歯科に行かなければならないということがわかりました。
・視力が下がった原因や歯肉炎になりかけたこと。
・体重と身長のバランスがとれていることと、乳歯は抜いた方がいいこと。
・めがねはやはり買い換えた方がいいこと。
・視力が落ちてきたその対応について。
・背骨の検査で何がわかるかがわかった。
・運動すれば体がしまってくること。
・歯肉炎が治った理由や視力が他の人と比べてどうかなど。
・目がこんなに悪くなったのはなぜかがわかった。
・結膜炎とは何かがわかった。
・これから自分はどうしていけばよいかがわかった。
・自分の結果をもとに話してくれるのでわかりやすい。
・だんだん成長できてうれしかった。
・他の人が自分の健康について考えてくれると心強い。

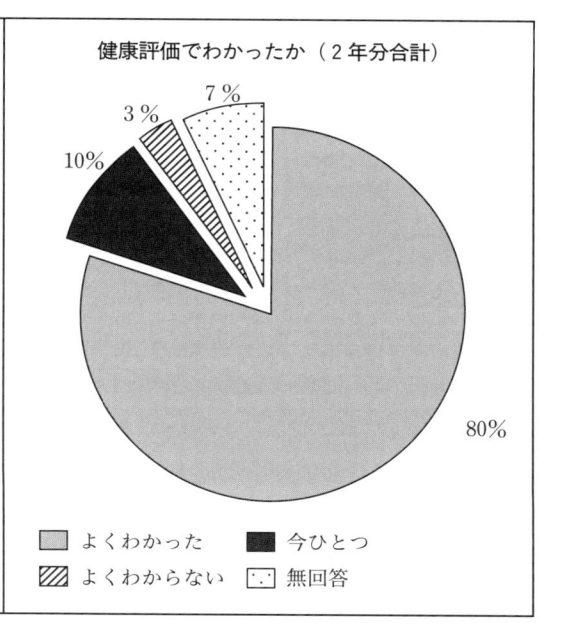

健康評価でわかったか（2年分合計）
- よくわかった 80%
- 今ひとつ 10%
- よくわからない 3%
- 無回答 7%

資料「健康評価があってよかったこと」
・不安なことや気にかかることが解消できて良かった。
・記号などわかりにくいところを自分のペースにあわせて説明してもらえる。
・いろいろと自分のことを見直せる。
・自分がどれだけ成長したかわかったから。
・具体的に歯の汚れの写真などをみせてくれたから、注意しようと心がけられたから。
・成長の生い立ちを追うためにも評価はあって良かった。
・客観的に健康について考えてくれるから。
・先生に聞いてもらって安心なところがあった。
・楽しくしゃべれて緊張の糸がほぐれた。「健康ですね」といわれてうれしかった。
・どうすれば健康になれるか教えてくれるから。
・自分の治さなければならないことを詳しく教えてくれるし、雰囲気も良い。
・あまり気がつかないことがわかったし、どうしたらよいかもわかった。
・自分の良いところ悪いところを具体的に話してくれるので自分の体が今どのような状態にあるのかわかった。
・恥ずかしくない場なので言えるから。
・保健室などに行きづらい私も話すチャンスができて良かった。

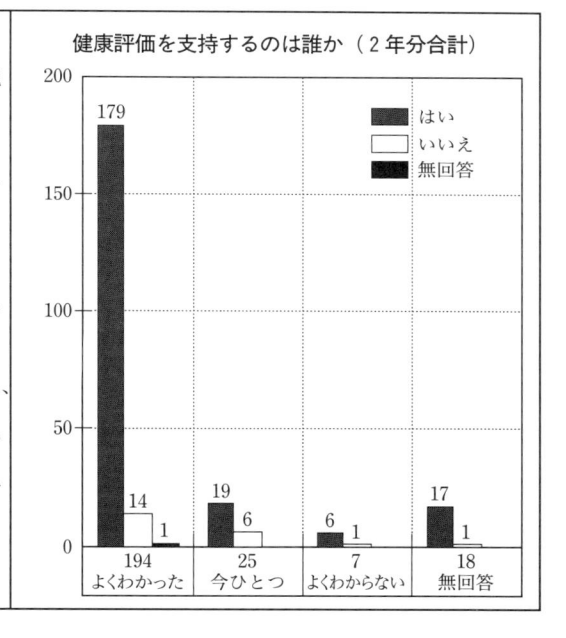

健康評価を支持するのは誰か（2年分合計）

	はい	いいえ	無回答
よくわかった (194)	179	14	1
今ひとつ (25)	19	6	—
よくわからない (7)	6	1	—
無回答 (18)	17	1	—

2 学校健康診断の教育的役割

2-4
生徒の実態に合わせて実施し、トータルにケアする健康診断をめざして

岡部初子

　現在、行われている健康診断は、授業の合間と校医の予定とを合わせて、短時間で早く終わらせることに気を遣い、必ずしも正しい健康診断や内容、受けて満足できる健康診断のシステムにはなっていないと思われる。一学期中かけて実施した結果、「どこも異常はなくて良かった」という声は生徒たちからは出てこない。出てくるのは養護教諭や保健厚生部の教師からの「無事終了してほっとした」という声である。私は、果たしてこのようなやり方や内容でよいのかという疑問を持ちながらずっと行ってきた。

　生徒たちは高校に入るまでに毎年健康診断を受けている。その経験があるから、こちら側に準備不足や指導不足があっても、これまでは生徒たちに救われてきたような気がする。それは健康診断日や検査日に大勢欠席することや検尿の未提出者が多く出ることはなかったからである。ところが、本校に転勤して事態が一変した。「検尿なんか面倒で出さねぇよ」、「どうせ、どこも悪くないんだから健康診断なんか受けねぇ」、「虫歯！オレの勝手だろ」という健康診断に対する生徒たちの反発にあい、非常な衝撃を受けた。ちょうどその頃、「学校スリム化」が打ち出され、学校行事の精選とか、健康診断は学校以外で、といった考え方も生まれていた。効率性を求めた場合は、外注化することに魅力を感じるが、果たして本校生徒にとってこの方法はベストなのだろうかという疑問もわいた。

　ここで改めて、健康診断そのものを考えずにはいられなかった。生徒の反発は健康診断廃止論を意味するのか。それとも健康診断のどこがまずいのかを指摘するものなのか。養護教諭自身に突きつけられた問題であった。私自身、学校健康診断とは一体何を意味するのか。健康診断を教育活動にどう生かせるのか。生徒が健康診断を主体的に受けるようになる保健指導や健康教育とはどのようなものかなど。一から始めなければならなかった。

　この6年間を振り返り、今後につないでいくためにも健康診断とはどうあればよいのか、自分の実践を振り返りながら考えていきたい。

[1] 健康診断の取り組みにあたって

(1)生徒のおかれている状況
　学校全般から本校生徒の特徴をとらえていくと、出欠状況は、出席率（年間）90％、長

期欠席状況（年間30日以上60日未満および60日以上の欠席者）は，20％を超える。１年生について言えば，中学校で１日も登校しなかった，またはほとんど登校しなかった生徒は，毎年20名を超えて入学する。中途退学者数は年間約80名と多く，特別指導も頻回に起こり，教師はその指導に追われている状況であった。保健室も来室生徒数が多くその指導に追われていた。生徒たちには基礎学力がついていなく，授業面だけではなく，生活面や健康面を理解させることに大変苦慮していた。

⑵ 生徒の日常の健康意識

　生徒たちは，自分の体の状態や気分の状態にはかなり敏感であり，不調だと感じれば授業中だろうとすぐ保健室に飛び込んで来ては，「頭が痛いので治してくれ」などと訴える。理由を聞いても原因はわからないことが多いので，「昨日の生活を振り返っても心当たりはないのか」と尋ねても，「わかんねぇ」，「何もない」，「どうでもいいから早く治してくれ」の返答が返ってくる。症状の原因がつかめないから予測がたたないし，不快感と不安感だけがつのるという悪循環になるのだが，生徒たちは待てないのである。「どう，少し様子をみよう」と言っても納得しない。たとえば，それは虫歯の訴えをして鎮痛剤を要求するが治療はしない。慢性的なかぜ症状を繰り返すが予防はせず早退を要求することばかり，という状態であった。このような健康意識の持ち主は健康診断を欠席する生徒に多く，さらにいろんな体の不調を訴えることも多いことがわかった。

　そのうえ，彼らを見ていると一番のやすらぎとなる家庭が，十分に機能していないのではないかと感じた。３度の食事，くつろげる場，清潔な衣類等が十分ではないという厳しい現実を感じる。彼らの健康問題を家庭に返しても問題解決にはならないだろうし，健康診断の未実施者を各家庭にお願いしてもほとんどの生徒は受けていないこともわかった。ここでは健康診断の未実施者へは個別指導でなんとかカバーするという方法も通用しなかった。

　こうした生徒の実態や家庭の背景が見えてくると，学校が違えば生徒が違うし，生徒が違えば保護者も違う訳だから同じ方法ではダメなことを実感した。そこで，私自身が生徒のおかれている現状をしっかりとつかみ，その実態に合ったやり方を工夫し，少しでも検診率や回収率を上げながら，それを通して生徒たちの健康意識を変え，自己健康管理能力を高めたいと考えた。そのために，これまで当たり前と考えて実施してきた検診やその方法をもう一度，考え直してみることにした。

　健康診断を漠然ととらえないで，生徒の日々の生活や生き方に合わせた視点，自分に関わる視点，将来へつなげる視点でとらえさせることによって，健康診断に臨む態度や健康意識に変化が現れるのではないかと思った。そう考えると，１人でも多く健康診断を受けさせたい。本校は経済状態に恵まれず不健康な生徒が多くいる，長欠（長期欠席）でい

つ学校を辞めていくかわからない生徒も多く，その中には中学校から一度も健康診断を受けたことのない生徒もいる。この無料の健康診断は「生徒の権利」として全員に受けさせたいと強く思うようになり取り組みを始めた。

[2] ていねいに実施していく検診へ

⑴ 生徒が受けやすく出しやすい日程にする

　1人でも多く受けやすく出しやすくするために，尿検査や心電図検査，胸部レントゲン撮影や各検診は，休みの続く次の日や月曜日は連絡が徹底しないためなるべく避けた。続けての検診日もできるだけ組まないようにした。とくに1年生の心電図検査と胸部レントゲン撮影を別々の日程で行なっていたのを同日実施にして，時期を遅らせて5月に実施してみた。その結果，欠席者が30名から5名に減り，効果が表われてきた。この5名は不登校生徒であることもわかって，これから実施される近隣の高校で是非受けてほしいと担任から連絡をしてもらった。この年には変化はなかったが次の年，長欠者の1名はこの受診のために登校してきたということがあり，昨年からは全員が受けるように変わってきた。

⑵ 生徒に合わせた方法にする

　まず，第1に我々，教師側に注意することはないのかと考えた。日頃から生徒たちは教師に怒られることが多く，教師からていねいに対応されていないと感じているようである。短い検診の時間だけでもよい，生徒たち自ら，「ていねいに対応されている」という感じを持たせたいと思った。

　健康診断に臨む時の注意点を担任，監督教師にお願いしたことは，ていねいに誠意ある態度で生徒に説明してほしいということだった。養護教諭は生徒1人ひとりに対して安心してしっかりと検診が受けられるように，環境と対応に気配りをして個別指導に徹するようにした。校医は生徒の態度，振る舞いや治療率の悪さなどからあまり良い印象を持っていなく，そのためか検診の行い方もていねいさに欠ける印象があったため，養護教諭はぴったりとそばについて補助をした。医師という専門家から生徒1人ひとりが「ていねいな検診を受けている」という印象を生徒に持たせたかったからである。そうすることによって，しだいに生徒はふざけることもなく自分の体と向き合うという意識を持つようになり，真剣な態度で受けるようになった。

　第2は検尿の回収率を良くしたいと思った。検尿の提出率が悪いので，養護教諭は4月の全校集会時に短時間ではあるが，「検尿の必要性と理解」について生徒だけではなく教師にも話をした。提出日の前日ということもありタイミングがよく，物珍しさもあって生徒たちは聞いていたようだ。養護教諭は期待を持って待った。難関は，何回も未提出を繰り

返す生徒たちであるが，その都度１人ひとりに連絡票を書き提出を促した。担任はそのたびに欠席生徒の自宅に電話をして検尿提出を促し，次回の連絡をしてもらうようにした。また，保護者にはその必要性を訴えた。回収日の決められた時刻を過ぎても提出しない生徒については，養護教諭は出し忘れもあるので各教室を回り提出をさせた。その時に未提出者の理由も聞くようにした。出し渋りの理由や不安，心配ごと，知られたくないことがあるのではないかと思ったからである。生徒達には出したくない理由があったが，その理由を養護教諭には話すようになり，出さない理由もほぼつかめるようになった。

　４回目の回収の結果，検尿の回収率は97％になり，50名の未提出者が22名に減った。その内訳は長欠９名，その他13名は個人で受ける，だった。その理由にはエッチがわかってしまうからイヤだ，過去に○○をしたので心配，アルコールを飲んだからヤバイなど主に生徒指導上，尿検査からわかってしまうことを恐れての拒否であった。学校の尿検査は腎疾患の早期発見のために行うものでそれ以外の検査はしないから心配しなくてよいと説明しても信用してもらえなかった。生活面で心配な未提出者への指導は継続して行ったが，欠席が増えてまもなく学校へも来なくなってしまった。

　検尿の出し渋りの教訓を次年度に生かしたいと思い，次の年，各担任や教師全体の協力を求めた。検尿で最後に残る未提出者は，ただだらしがなくて出さないのではなく，男子も女子も「尿検査っていろいろわかるから出したくない」と考えていること，しかしそのような心配はないこと，出さない生徒は心配なことを伝えながら，必ず提出させるようにお願いした。もし，出したくない生徒は直接養護教諭に話に行くように生徒へ伝えてほしいとお願いをした。やや強行ではあるが，97％以上の回収率を保持するためにはこれ位の指導は必要である。この指導の甲斐があり，昨年は回収率99％，今年は99.7％になった。回収率は良くなったが，２次検尿者の蛋白や潜血陽性者が増えてきていることも気になるところだ。その他に，尿検査から派生して考えたいことは，避妊教育を含めた性教育の充実である。妊娠や性感染症等はいつ起きても不思議ではない年齢なので，教師側はこのようなことも視野に入れて指導すべきである。保健体育科は以前にも増してわかりやすい教具等を使った避妊教育に力を入れてくれるようになった。また，生徒指導部では，出てしまってからでは遅すぎると認識して，今ではどこの高校でも実施している薬物乱用防止教育をいち早く位置づけ現在も継続実施している。

　このように腎機能を調べることが目的の尿検査だけでも，生徒とていねいに関わることで，検査以外のさまざまな人間的な青年期の問題までわかってくることに驚くとともに，生徒たちの意識の実態に即して健康診断を進めることの必要性を強く感じた。また，あわせて生徒の生活と密着した健康教育の必要性も強く感じている。

　第３に，保健資料は生徒の反応があるものを作りたいと思った。検尿の資料は腎疾患で入院体験をした「ユーコさんからのレポート」を載せた（資料①-１，２）。検尿の用器を配

腎臓の状態は尿でチェック

尿検査
尿（おしっこ）の中に、たんぱくや糖、血液がまじっていないかを調べます。

腎臓は、血液からからだの中のいらないものをこし取り、おしっこにしてからだの外に出す役目をしています。

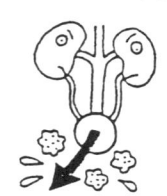

からだに異常があると、おしっこにも変化が現れます。おしっこの量や色、にごり、においなどの変化は、からだの変化のサインなのです。

おしっこは、こうしてとります

1 朝起きたら、まずトイレへ。
からだを動かしているときのおしっこには、害のないたんぱくが混じることがあり、病気が原因で出るたんぱくと見わけられなくなります。

2 出はじめのおしっこを少し流してから、紙コップにおしっこを取ります。
出はじめのおしっこは、前の日の残り。検査には、眠っている間にできたおしっこがいちばんよいのです。

3 紙コップに取ったおしっこを、検査用の容器に入れて、しっかりふたをしめます。
おしっこを取ったその日に検査をしないと、正しく結果が出ません。忘れずに持ってきてください。

尿の提出日

一次検査　4月25日（火）
予備日　　4月26日（水）
予備日　　5月11日（木）

注意点

・生理中の者は予備日に出す

・検査前日の夕食後にはジュース類等をとらない

・袋の記名は全部書く

・採尿後の容器は袋に入れて、一回折り曲げる

・各自、朝のSHR時提出
　保健委員はまとめて8：40までに保健室へ

※検尿を出すことに不安がある人へ※
（学校で実施する尿検査は腎臓機能をチェックする以外の検査は一切しません。）

資料①-1

入院を体験して　　Y子さんからのレポート

　私は校外学習が終わった頃、「なんか、太ったな」と思っていました。そのうち足や顔などがむくみ、先生方に相談したら「病院に行った方がいいよ」といわれて、軽い気持ちで病院に行ったんです。そしたら、腎臓が悪いと言われ入院することになりました。はじめは、自分の病気の重さに全然自覚がなくて、「入院だぁ」なんて言ってて、実際に入院をしてみて、検査とかいろいろやってなんか大変な病気なんだなって思ってきました。薬の数も一日２０錠以上で胃が痛くて頭痛もひどくて眠れない日が１週間ぐらい続いて苦しかったです。点滴をして一日中寝ているだけで何も楽しいことはなかった。ご飯はカロリーが決められて薄味であまりおいしいとは思えなかった。と言うより私の具合が悪くて、一口ぐらいしか食べられない日がほとんどだったのです。入院をして１週間ぐらいしてから腎生検をやりました。腎生検は腎臓に針を刺して腎臓の組織を取るんですが、麻酔をしたので痛くはなかったのですが、針を深く刺しすぎて血尿になってしまい大騒ぎにしました。

　はじめの２週間は苦しんだけど、それからはどこも痛くなくて退屈になった。体重が１０kgも減って喜びましたが病気のせいで７kgも増えたのだからあまり変わらなかった。本当は、１〜２年かかると言われていた病気が１ヵ月で治って良かった学校にも行けるし本当に良かったです。でもまだ完治したわけではないので、外食も週に１回１食だけ、家の食事も塩分制限とカロリーとか気をつけなければいけないので大変です。

　病気の原因として考えられることは、メチャクチャな食事、不規則な生活、風邪だそうです。私の場合は外食ばかりだったのが原因かもしれません。急に起こる病気だからみんなも気をつけてほしい。まさか自分は違うだろうって誰でも思うことだけど、やっぱり自分の体は自分だけにしかわからないものだから大切にして下さい。ちょっとした不注意が原因で死に至ることだってあるのです。病気は防ぐことができるんだから１人１人が気を使って生活をしてほしいです。健康第一！！

その後、元気になって卒業していきました。現在は福祉専門学校で勉学中です。　からだのこのあたりにあります　（光輝やいている姿はララ面の資料）

この病気はネフローゼという腎臓の尿細管上皮が変性しておこる腎臓病です。

原因は外食（塩分が多いため）だったようです。

便利な外食ですが、習慣にしないことをこのレポートから学ぼう。

そして、予防のためには腎臓の状態を尿検査でチェックしよう。

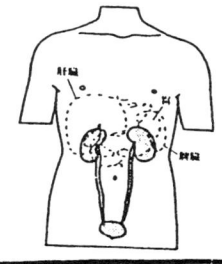

資料①-2

る時にこの資料も配ってもらった。担任からは生徒たちは体験のプリントを読んでいたようだとか，担任が読み上げたクラスもあって，久々に反応を感じた。養護教諭も生徒に聞いてみると，「読んだよ，あれってマジ？」，「今は元気になったの」等が返ってきてうれしかった。日頃から生徒達は活字を好まないためおもしろくない保健だより等はすぐゴミ箱行き，もちろん授業のプリントも同様なので，生徒のこの反応にはうれしかった。うまい保健だよりを作れない私にとって，生徒の生の言葉で綴るほうがはるかに生徒たちの心に響くものだと実感した。多分，この資料が引き金になって回収率アップになったのではないかと思っている。それから資料は無駄を省き効果的にと心掛け，各検診の進め方や検査の方法等は1人ひとりに配らず，見やすく大きい資料に作り換えクラス掲示にした。支障はまったくなかった。ただし，大事な資料と思うものは全員に配っている。

第4に，学校全体で取り組み，生徒保健委員会の協力を求めることである。

本校の身体計測は，体育科のスポーツテストと同時展開で，ローテーションを組み一日で終了する。スポーツテストは体育委員会が中心に，身体計測は保健委員会が中心に行う。事前には保健厚生部教師との打ち合わせを持って，事前準備，当日の進め方，保健委員の役割，事後について確認をしながら，当日に臨む。当日は計測者は教師で，記録者はそれぞれの委員会があたるが，教師全員，体育委員会，保健委員会等総動員で実施する。生徒たちはクラスで班を作りローテーションを組み時間内に終わるように計測する。生徒たちも仲間が準備をしてやっていることを知って協力をするし，計測時はクラスの仲間同士まとまって受けるため，スムーズに進行するという良さがある。計測会場では，「増えた，減った，伸びた，伸びない」とワイワイガヤガヤしているが，みんなイキイキしている。意欲的に取り組む第一の理由は，多分，この日は授業がないことかもしれない。ここで問題になるとしたら，保健委員が記録にあたることだろうと思うが，事前に身体の記録のプライバシー問題については十分に説明しているし，その上で協力を求めている。今後はさらに保健委員会の要求や意見を取り上げて，一般生徒との意見交換をしていきたいと思う。

[3] 歯科治療を勧める取り組みについて

生徒たちがその目的がわかってきちんとした態度で健康診断を受けるようになり，検診の受診率，検体の回収率が上がってくると，ようやく，全体の健康診断結果から本校の健康課題がはっきりと見えだした。それは，う歯と歯科治療問題であった。

う歯の未処置歯のある者の全国平均が39％の頃，本校は80％以上がう歯の未処置歯のある者の学年があったので，治療を勧めると生徒に怒られ「オレの勝手だろ」と言われたり，歯科検診の日は欠席者が増えたり，口を開けない生徒さえいた。このような実態の中でどのような対策を立てて実践をしていけばよいのかまったくわからない状態で呆然とした。

ただ，私は虫歯の状態を改善したい，きれいな歯にもどしたいという素朴な願いしかなかった。次に，この素朴な願いの先の見えない手探りの取り組みを追っていくことにする。
　難問であるこの課題は，養護教諭の私にとっても何とかしなければ先に進めないという思いがあった。まず，その協力を誰に求めればよいのかを考えた。それは，やはり，歯科医，歯科衛生士等のスタッフではないかと思った。
　ところが，保健厚生部の教師から1人の恐い歯科医の評判を聞かされた。教師たちはこの歯科医の検診日にはピリピリしていたという。他方，歯科医からも生徒たちの態度にはうんざりしていることを聞かされた。歯科医が検診できないほどうるさいのは困るので，まず生徒たちが静かに受けることができるように心がける取り組みから始めた。この恐い先生のやり方は，2人体制で歯科校医＋歯科医で検診をして，歯科衛生士2人が記録にあたるという方法である。これだけでもていねいな歯科校医だと思ったので，やはり，歯科医，歯科衛生士等のスタッフに協力をお願いすることにした。
　それにはまず生徒が静かに検診に臨むことが必要であるから，検診会場に入る時の人数制限をしてみた。廊下で整列をして会場の入口で自分の健康診断票を監督教師から受け取り，中に入る人数を2人の歯科医に5人ずつに分けて制限した。すると待っている間も静かになり前の生徒が何をしているのか，検診を受けている生徒や周りの様子，昨年の自分の記録等を見ながら順番待ちをして徐々に歯科検診に向かう態度が出てくるようになった。自分の番になった時に歯科衛生士に健康診断票を渡して，歯科医の前にすわり，大きな口を開ける。すると，「処置数何本，未処置数何本，歯肉状態……，歯垢状態……，歯列・咬合・顎関節……」と言う歯科医の声の音量が普通に聞こえて来て，生徒自身にも歯の状態を知る姿勢が出てきた。
　検診後，歯科医から「こんな静かな検診は10年ぶりです」と言われ，以前は歯科医の声が歯科衛生士に聞こえなかったり，何度も聞き直したり，生徒たちが順番を間違えたり，さわいだりしてとても検診できる状況ではなかったと，校医も歯科衛生士も話された。その状況が浮かんできて私にも十分に校医の気持ちが理解できた。恐い先生というイメージよりも私は仕事熱心で厳しい歯科校医ではないかという印象を持った。
　ちょうどその頃，私は虫歯の放置者が多く治療をさせたいのだが，生徒達は聞く耳を持たないので，どのように勧めれば治療を始めるようになるのか悩んでいた時だった。思いきって歯科校医に相談してみた。「生徒に治療を勧めると，どうしてだよ，オレの勝手だろうと言われ困ってしまいます。どうしたらよいのか教えていただきたいのです」と。その返答は「歯ブラシを持たせる習慣をつけて下さい」という一言だった。この一言に私は強烈な衝撃を受けた。歯ブラシを持たせる習慣とは，ふつうなら小学生以下の子どもに対して取り組む課題ではないか，これは，それほどに虫歯の状態がひどいという意味でもあるし，歯みがき習慣さえ十分ではないということでもある。「歯ブラシを持たせる習慣」この

言葉が私の脳裏にこびりついた。

　次の年，生徒の態度，マナーが良くなってきたので，校医はその場で個別指導をするようになった。養護教諭も校医から指摘された生徒に歯肉炎防止のブラッシング指導を歯型模型を使って行うことができるようになった。整列している生徒たちには質問があれば自由に話してよいことを伝えておいた。すると生徒たちは，「ブラッシングはどのようにすればよいのですか」等の質問をするようになり，生徒たちの検診に臨む意識が変わり出した。その時歯科校医はしみじみと「あきらめないで本当に良かった」とおだやかな表情で話された。私はその言葉に感動してとてもうれしくなって，翌日朝会で職員に報告をしたほどであった。

　この年も，歯科校医にどうしたら生徒が治療をするようになるのかを尋ねながら現状を話した。「今の生徒たちを見ていると，ファッション，流行，おしゃれには敏感ですぐ真似をしますが，もっと基本的な歯などにはお金をかけません。歯医者さんの玄関先まで連れて行って治療を受けさせたいほどです。中には保険証がない生徒もいますが……。歯はボロボロなのに携帯電話は持っていたりして……，価値観を変えることは並大低なことではありません」と。そう話した時，校医から同情され一度医院に来て，歯科衛生士から指導を受けてみてはどうかと勧められ，養護教諭はその後ブラッシング指導方法を教わりに校医の所へ行った。歯科医や医療スタッフが大勢いる中で私は緊張して指導を受けた。主に歯周病予防のブラッシング，「バス法」と「スクラッピング法」を2時間位教わり，最後に染め出しで確認をし終了した。私は前任校の校医からも指導を受けたことがあったので比較的スムーズにできた。歯科衛生士は1日1回，夜5分間は必要であると言われた。「5分間は結構長いのでは」と尋ねると，「私はそれを欠かさず毎日やっているので虫歯は1本もありません」と言われたことが印象的だった。

　3年目，歯科校医から「生徒の受診態度が良くなったので，次はみがき方，要治療者への指導をしたいので，学校から要望があれば歯科衛生士を派遣して指導をさせたいのだがどうですか」と言われた。生徒の経済状態も知らずになぜ治療を受けないのかと言っていたことを反省して，校医は要生活保護者についてもよく理解してくれるようになった。そのような生徒がいることもふまえて歯科衛生士派遣案を考えつかれたのかも知れないと思った。

　早速，教務から時間を作ってもらい，6月に歯科衛生士による「正しいブラッシング法」を実施した。1，2年の要治療者140名が手鏡，歯ブラシを持って視聴覚室に集まった。本校では初めての試みで生徒職員とも期待をして待っていた。歯科衛生士は昨年私が指導を受けた方で，補助者は検診時にも来られた方で，二人とも面識があったので安心した。

　まず，プリント（資料②）が配られ，歯周病チェックをしてみようと用紙に記入をするところから始まった。その後はずっと講義が続き，後列にすわっている生徒にはその内容

が十分に伝わらなかったようで，話を始めたり周りがうるさくなって席を立ってしまう生徒さえ出て来た。教師は注意をしたが何人かは教室を出て行ってしまった。それからあわてて「正しいブラッシング，スクラッピング法」の実習は補助者がついて行なったが，期待のほどではなかった。学校が初めての歯科衛生士さんは，生徒から出て行ったことにショックを受けた様子で，本当に申し訳なかった。生徒が出て行った理由を聞かれたので，「生徒たちは日頃からつまらない授業の時は出て行ってしまうので，先生方は授業が大変で出て行かないための工夫やわかる授業に苦労しています。多分，出て行ったのは講義の時間が長かったことと声が小さかったこともあると思います。臨床での個別指導と集団を相手の指導とは少し違うのではないでしょうか」ということを率直に述べた。

　この年も治療効果はあがらなかった。逆に歯の痛みを訴えて「歯医者に行きたいから早退したい」と言う生徒が増え出した。実際治療をしているのだろうかと聞いたら，生徒たちは「行ってるよ本当だよ」と言って養護教諭の前で大きな口を開けて「ほら，ここだよ」と見せたり，「歯石を取ってもらってつるつるになった」と白くきれいになった前歯を見せた。今まで養護教諭の前で口を開けたがらない生徒たちだったのに確かに変わってきた。生徒たちは歯科医に行き始めているという感触を持った。

　4年目，「今年は個別指導をやって生徒1人ひとりと話をしながらやっていきたい」と校医から申し出があり，歯科医3人（校医＋歯科医2人）と歯科衛生士（2人）で実施した。とくに校医は個別指導にあたって虫歯の治療では生徒に経済状態までも聞く熱心な指導であった。生徒は個別指導を受ける時もイヤがることもなく，素直に応え質問をしながらなごやかに受けていた。それを見ていて生徒たちも少しずつ変わってきたが，この先生（歯科校医）も変わったなあとつくづく思った。もう一方の若い歯科校医からは，重症の虫歯の生徒たち（2年，3年生）が治療を始めていることを聞かされた。私だけでなく，本校勤務まもないこの校医にとってもかなりうれしいことのようであった。

　担任には6月の保護者との面談の時に「治療のすすめ」の通知書とその資料（資料③）を直接手渡して下さるようお願いした。確実に保護者に届けて虫歯治療に向かわせてほしいからである。養護教諭は虫歯の改善にＰＴＡ懇談会や新入生説明会の時にも，保護者に向けて虫歯の実態と放置しておくと健康が害されることを話して治療の協力を求めた。虫歯の保有率が80％以上にもなっている生徒の生活の実態を知って，いち早く反応してくれたのは学校長であった。校長は「こんな状態では恥ずかしいから何とか改善させていこう」と言って，歯に関する資料を集めて持ってくるように指示された。このような熱心な校長はあまりいないと思うので非常に心強くありがたいと思った。校長も学習をされたり，最新情報を得るために友人の歯科医に出かけたりと自ら積極的に学んで，全校集会で数回にわたって「歯について」の講話を行った。とくに自らの体験談（肩こりがひどかったのは歯並びのせいでそれを治したら肩こりが本当に治った等）を話された時はなかなかうまく，

大人スクラッピング法

スクラッピング法で最低5分。

■外側 ●毛先を歯に直角に当てる。 ●歯と歯ぐきの境目にも毛先を当てる。 ●軽い力（300g以下）で、こきざみ（5〜10mm）にヨコに振動させる。	外側／内側
■内側 ●ハブラシは45度の角度で。 ●歯と歯ぐきの境目にも毛先を当てる。	外側／内側
■磨く順序 ●1回に2歯ずつ。 ●同じところを最低10回、できるなら20回磨く。 ●噛み合わせの部分をしっかり磨く。	13　12 6　7　11　1 　8　10 　9 5　　　　2 　4　3

歯周病が気になる人はバス法で。

●柔らかいハブラシの毛先を、歯と歯ぐきの境目に45度の角度に軽く当てる。	45°
●毛先は、動かさずに（3mm程度）左右に振動させて磨く。	

ペングリップで軽く300gの力で

歯ブラシをげんこつ握りして力まかせにゴシゴシは、歯肉をいため歯を細らせるもと。

ブラシのもち方は、ペングリップ（ペンを持つように軽く握るで、力は300gぐらい。一か月以内でブラシが広がってしまうのは、力が入りすぎ。

ハミガキはブラシの1/3〜1/4くらいでじゅうぶん。何もつけずに磨くのも問題ありませんが、黒ずみなどが気になるときは、一日一度ハミガキ剤を使いましょう。

歯科衛生士
法布先生　資料

資料②

あなたのお口はだいじょうぶ？？

「歯周病」は歯の成人病

歯を失う原因の50％が歯周病とか。中学生の半分は何らかのトラブルがあると言われるほど歯周病は若年層にも広がっています。8020運動（80歳で20本の歯）も現状では4本。一生付き合う大切な歯、歯の衛生について考えてみたいですね。

お口の病気は歯垢から

歯周病とは、歯と歯ぐきの間にたまる歯垢の中の細菌によって起こる感染症のこと。

食事の後、口の中は食べ物の糖分が分解されて歯にこびりつき酸性化します。放っておくと歯の表面のエナメル質を溶かして虫歯になります。一方、細菌の働きで作られた歯垢が歯と歯ぐきの間にたまると歯肉炎をおこし、歯そう膿漏に進むと歯がぬけることも。この歯肉炎と歯そう膿漏の状態が歯周病です。

今、子ども達の間にも歯肉炎が増え問題になっています。家族で歯周病チェックをしてみてください。

正しいブラッシングを

チェックの結果はいかがでしたか。毎日歯を磨いていても、全部の汚れはなかなかとれません。とくに磨きにくい奥歯や歯垢のたまりやすい歯間乳頭部は歯周病の発生源。ていねいなブラッシングが大切ですね。8割の汚れを取り除けば、歯周病は直せるといわれています。表を参考にしながら正しいブラッシングを行いましょう。

歯周病チェック⑧

	YES	NO
①歯がグラグラする	☐	☐
②歯ぐきから出血する	☐	☐
④歯石がたまっている	☐	☐
⑥口臭が気になる	☐	☐
⑦歯ぐきが赤く腫れている	☐	☐
⑧起きた時、口の中がネバネバしている	☐	☐

YESの数が ☐ 個

（YESが1個でもあれば要注意です。）

お願い 虫歯の治療を

保健室

1. 虫歯（歯周疾患も含む）の状況

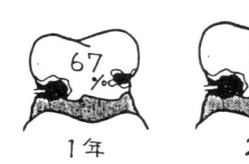

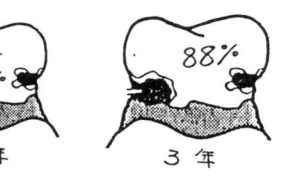

　　　　　67%　　　75%　　　88%
　　　　　1年　　　2年　　　3年　　　　　　　（39％）全国平均

　・学年が上がるごとに虫歯が増えている。

　・全国平均をみても本校はかなり悪い。

　・治療をしていないことがわかる。今年の治療証明書はまだ数枚しかありません。

2. 虫歯があるとからだ全体が不健康になるし、経済的にも損をする

　(1) 歯の治療は軽いうちに。C2（象牙質が侵される）は黒ずんで見える、冷たい水がしみる状態、このC2で治療すると→1日で治療が終わり→単純計算で保険料は4,810円となり、自己負担は1,443円になります。
　　　C3（歯髄に達する）激しい痛みで治療すると→神経を取って根に詰めものをし、かぶせる治療を行なうと7日かかり→保険料は26,620円となり、自己負担は7,986円になります。治療日数も費用もかなり違います。

　(2) 歯の1本1本が臓器である。
　　　歯臓は、単に食べると言う目に見える役割だけではなく、実は見えないところでも他の臓器と同じように身体の恒常性維持に関与しているのです。

　(3) 第一大臼歯（奥歯）を失うと唾液の量が大きく減ってくる。
　　　第二大臼歯を失うと血圧を低下させる。犬歯や第一小臼歯を失うと血圧は上昇させる傾向にある。

　(4) 虫歯を放置すると、腎炎、心内膜炎、皮膚病、リュウマチなどの他の病気になることがある。

　(5) 噛み合わせを改善すると、腰痛、肩凝り、頭痛、背中の痛みがなくなり、手足のしびれ、冷え症、生理痛、胃腸障害なども改善されることがわかってきた1)。

3. 日常的には授業中やテストの時に歯の痛みを訴える生徒が多い。そして、薬を要求する生徒が多い。鎮痛剤は一時的なものなので歯医者に行くようにその都度指導はしているが改善はあまり見られません。

1)村津和正（1997．6）。子どもが「ウオッ、これは……」と感じる歯の話。健：26-27

資料③

管理職が率先して歯の治療を勧めてくれることに改めて感動した。

　歯科検診の資料にも創意工夫が必要である。見たくなる，読みたくなる資料を作りたいのだが，なかなかできない。既成のものにも良いものがたくさんあるし，とくにレイアウトに関しては真似ができないのでそれらをうまく利用している。たとえば，「新しい歯科検診の判定の意味を知っておこう」という資料等もそうで，健康診断票の記載から自分の歯がどうなっているのかが読めることや歯科医の言う記号等がわかる資料は必要なことなので，この資料を活用している。検診当日の朝に配ると効果があり関心をよせる。会場まで資料を持ってきて友達と確認し合ったり，養護教諭に質問したりする。

　これまでの取り組みの結果から言えることは，歯科治療を開始してう歯（未処置歯・歯周疾患）が減りだしたことである。実際，ここ数年間の統計結果からも，う歯の未処置歯のある者の比率が減少してきたことがはっきりと表われてきた（図1）。

　図1から，つまり，虫歯の治療率が上がったわけだが，上げるために治療証明書の提出を催足したり強制的に行わせたわけではなかった。虫歯の治療を勧めるための「治療のおすすめ」という通知書は当然配ってはいるが，治療完了チェックを強制しているわけではない。もっと長い目で見て，次の年の歯科検診まで治せばよいだろう位に思っている。要は治療証明書回収や統計処理が目的ではないのだから。一方，治療証明書を持ってきた生徒については，きちんと健康診断票に記載し，その証明書を健康診断票に張り付けるようにもしている。それは確かに学校側が受け取りましたということを本人にもわかるようにしたいからである。

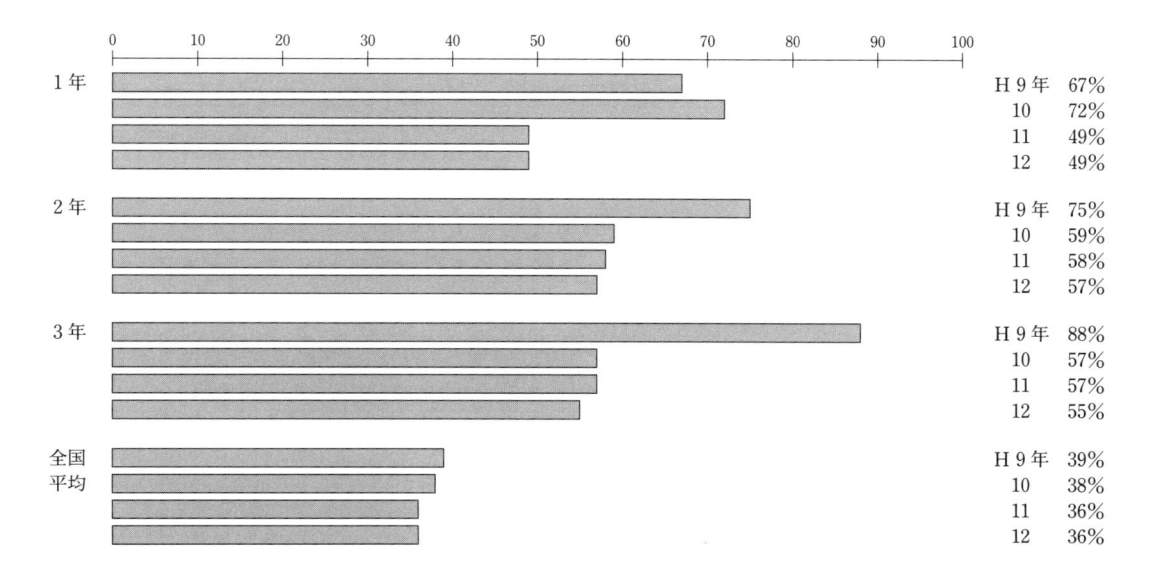

学年	年度	割合
1年	H 9年	67%
	10	72%
	11	49%
	12	49%
2年	H 9年	75%
	10	59%
	11	58%
	12	57%
3年	H 9年	88%
	10	57%
	11	57%
	12	55%
全国平均	H 9年	39%
	10	38%
	11	36%
	12	36%

図1　虫歯の状況（要治療者）

[4] 歯科検診の4年間の取り組みを振り返って

　治療率が改善しだしたのは，平成10年度であり，画期的に良くなったのは，平成11年度からである。ここで改めて，治療率が上がった平成10年度までを一区切りとする4年間を振り返ってみることにする。

　当初から歯科校医が検診をしやすくするための環境整備と生徒への検診態度等を中心に進めた。次からは校医の検診方法に合わせて，1年ごとその変化を追っていくことで，次の改善策が見えだすというものであった。校医が1年ごとに積み重ねていく指導に養護教諭も悪戦苦闘しながら対応していった。

　検診態度，マナーについては誰の目にも見えるものなので問題なくクリアーした。正しいみがき方，スクラッピング法，虫歯を治すこと等は生徒1人ひとりの内部に関わることであり，歯の健康レベルに合ったブラッシング法や歯科医からの個別指導の効果もどの程度なのか検討がつかなかった。しかし，1年1年ていねいな検診を行ってきたことが，生徒の自覚へと結びつき生徒の気持ちを動かし虫歯の治療率が上がったのではないかと思う。さらに，校医の検診をフォローするために，養護教諭としてできること，学校として可能なことはほとんど行なってきたことも大きく作用したのではないかと思われる。そして，このような粘り強い指導が続けられたのは，やはり，誠意ある歯科校医とその協力者の方々に支えられた取り組みであったからであるということは間違いない。このように，歯科医療スタッフが学校に積極的に関わって歯科検診と指導を展開する例は全国的にみてもあまりないのではないかと思う。その点で養護教諭としてとても尊敬と感謝の念を抱いている。

　ところで，協力体制は簡単に得られる場合とそうでない場合がある。そうでない場合でも，養護教諭がその必要性を校医に求めていくことが重要である。何に困っているのか，どこをどう改善したいのかということを具体的にあげ，専門家である歯科医に繰り返し聞いてアドバイスを受けるという姿勢が校医の心を動かすのではないかと思う。

　最後にもう一つ。私自身が校医の一言のアドバイスにこだわったことにも触れておきたい。それは前にも触れたが，「歯ブラシを持たせる習慣をつける」という一言にあった。この一言は，私にとってかなりの衝撃で，言葉が出ないほどのショックを受けた。「生徒の歯の実態，口の中のことは何もわかっていない。もっと根本から歯の指導をしなさい。」との痛烈な指摘を受けたように感じたからである。そして自らの甘さを反省させられた。それからは養護教諭としてできるあらゆる指導を試みた。歯痛を訴えて保健室に来る生徒に日常的な個別指導も繰り返し行った。やがてこうした指導を通して，しだいに治療に行っている生徒たちが広がっている手応えを感じるようになった。それから，校医の個別指導を通しても前向きになってう歯の予防や治療に取り組む姿勢になってきたようにも思う。生

徒たちはこうしたさまざまな指導を通して意識を変え，虫歯治療に向かったと言えるように思う。

　4年前，「劣悪なう歯治療の実態」という難問を抱え，手探り状態で取り組み始めたことを考えると，この実践の成果は感慨無量である。この難問題を通して一番に学んだことは，「どんな難問でも協力体制を作り，ていねいに実践していけば必ずできる」という確信をもつことができたことと実際に押し進めていくための具体的な実践力が身についたことである。この実践力は，どの理論からも得ることのできない実践者固有のものであり，私の大事な財産になったと感じている。

[5] 定期健康診断を生徒はどう評価しているか

　本校の虫歯問題の解決につながる歯科検診への取り組みは，とくにていねいに行った結果，大半の生徒が治療をするようになり，「オレの勝手だろ」という生徒は影を潜め，「ツルツルした白い歯はきれいだ，あんな歯にしたい」と生徒たちは健康な歯を望むようになって歯科検診の必要性は理解してきた。

　しかし，健康診断全体について生徒たちはどう思っているのか一度聞いてみたいと思った。検査項目，内容，実施方法について満足できているのか，不満足なのか，率直な意見を聞いてみたかった。そこで，生徒全員にＬＨＲの時間に簡単な健康診断についての評価をさせた。検診，検査は受けたのか，結果はどうであったのか，これからどうするのか，次年に望むことは何か，などを書かせてみた。その結果は，各検診，検査項目についてはほとんどの生徒が受けていたことがわかった。次年に向けてはほとんどの生徒が今まで通りの方法で受けたいと答えていた。他は虫歯を治して受けたい，欠席者はしっかり受けたい，またごく少数だが内科検診は女医さんがよいとか，もっとていねいに検診してほしいという要望も出た。生徒の気持ちは受けとめたいと思う。次年の健康診断はなくせとか受けないという否定的な反応はなく，私には意外であった。担任からは「○×のところはほとんど書いてあったが，記述のところは書きにくかったようです」と，健康評価の記入についての指摘を受けた。

　このような自己評価からも，生徒たちに少しずつ健康意識が出てきているのがわかる。生徒たちにとって以前のような「受けたくない健康診断」から「受けてもよい健康診断」へと変化してきたと言える。

　最近は，健康診断をほぼ全員が受けるようになったので，今度は次のような試みをしている。身体計測直後にＬＨＲの20分間を使い「身体計測の考察」をさせている。身体計測から何がわかったのか，これからどうすればよいのか等の自己評価をさせることにしている。計測直後なので，自分の身長，体重，視力には関心が集中するのでこのような自己評

価はよいと、生徒，教師両方から評価されている。以前と違い身体計測はスポーツテストと切り離して実施するようになって，十分な時間が確保できたことも大きな要因である。

　このＬＨＲの展開は，担任が「身体計測の考察」の進め方（資料④）にそってプリント2枚を説明していけば生徒たちでもできるような流れになっている。とくに生徒たちはローレル指数（現在はBMI：Body Mass Indexに変更されている）の計算に注目する。中には電卓を使ってやっている生徒もいる。本校は肥満である生徒も多いので身長，体重のバランスを考えさせたいし，また過度なやせ願望もあるので正しくチェックさせたいと思う。ＬＨＲの時間が終わると生徒たちは保健室においてある体脂肪計に集まり，体脂肪率を測っているが，あくまでもこれはめやすで，直接体脂肪量を測定するものではないので一喜一憂することがないように注意している。

　今後はこのような自己評価に結びつく取り組みを各学年ごとの課題にそってやっていきたいとも考えている。また，メンタル面についてもセルフチェックを自分でチェックできるような方法も必要ではないかと思っている。

[6] トータルにとらえてトータルにケアする健康診断

　生徒全員が無料で生徒たちの権利として受ける健康診断は，より充実させたものにしたいと思い取り組みに工夫しながら実施しているつもりだが，職員の健康診断の場合と比較してみると，職員の時には必ず健康相談コーナーが設けられ，健康管理医がいてその対応にあたっている。生徒の場合も健康相談につながる個々の問題があると思っている。その部分の対応をしないと現在の健康問題は改善されないのではないかと思う。また，その部分をフォローしながらトータルにケアして自己健康管理能力を高めたいと思っている。

　定期健康診断で明らかになった所見は，大抵は異常なし，または要観察，要精密検査，要治療をすることで確認されたり，改善されていく。集団の健康問題や予防については，事後指導や全体への保健指導として取り組むことで良くなっていく。しかし，この健康診断は体の部分的なチェックにしかすぎず，学校生活に関わる個々の生徒の健康問題をトータルに知りたい場合は，現在のこの健康診断方法では必ずしも十分ではない。各担任は健康診断の集計結果より，個別の生徒の健康問題に関心がある。

　健康診断の事前に行なう保健調査の項目には，「現在治療中の病気」，「体育授業等で運動制限や配慮が必要」，「学校生活を送る上で心配なこと」等を書く欄を作っている。ここに書かれた内容は注意すべきことが多いので，養護教諭は短時間ではあるがそれらの生徒1人ひとりと面接を実施することにしている。その結果，持病や特異体質，いじめ，不登校，精神的に不安定なことなど率直に話をしてくれる。これらの問題はこれから学校生活をする上でかなりのウエイトをしめる問題であるが，内科検診時に生かそうと校医に協力を求

資料④

L.H.R 『身体計測の考察』 保健室

1、資料2枚配布してください。(No1〜No4)

2、資料No1　身体計測の結果、身長、体重、座高を書かせる。

3、体位の性別比較(平成11年度○○県)を自分の体位と比較させる。
高1、高2、高3男女別それぞれがどの位置か確認させる。
伸びた者、増えた者、変化がない者がいる。
女子の身長の伸びはあまり変化していない者が多い、身長の伸びはだいたい止まりに近づいている。
男子はまだ少しずつ伸びている者もいる。男女の成長ホルモンの違いによるもの。
☞成長ホルモンが出る時間帯は寝てから夜中の0時〜2時頃と言われる起きていてはあまり出ない。

4、成長のバランスをチェックさせる。
①ローレル指数でチェック
②理想体重でチェック
①か②で計算または電卓で計算させる。
①の方が詳しくわかる。

5、4の結果から自分のバランスを確認させる。
やせすぎ、やせぎみ、ちょうどよい、太りぎみ、太りすぎ

6、資料No2へ進む
☞肥満が気になるあなたへ　｛リンゴ型肥満 / 洋なし型肥満
☞肥満解消7つのポイント

☞必要のないダイエットをしていませんか?
それぞれに読ませる。
次に

☞太りやすい体質のチェックを書かせる。
自己注意をするように促す。

7、資料No.3へ　説明をする
清涼飲料水は色のついた砂糖水と考える。
ジュース1本を飲むと一日に必要な砂糖分を摂ったことになる。
ジュースを飲まなくても食事摂取から砂糖分が不足することはない。
毎日飲んでいる人は大えるので要注意、ペットボトルはもっと要注意、糖尿病にもなる。
カロリーを消費するには、ケーキ1ケの場合で考えるとかなりの運動をしないと消費しないことがわかる。

8、資料No.4へ
各自の視力はどれ位なのか確認させる。
A、B、C、Dの自分の視力の所を読ませる。
(裸眼視力、もしくはメガネ・コンタクトをかけた視力)
☞黒板の字を無理なく見るのに必要な視力はB(0.7以上)以上であることがわかる。
☞教室の座席と黒板の文字の見え方。後列からもよく見える視力はB(0.7以上)以上。
☞教科書・辞書がよく見える視力はB(0.7以上)以上。
座席の後列で黒板の字がよく見える視力と近くでの教科書・辞書の小さな字でもよく見える視力はB以上であることが確認できる。

☞車の免許(自家用ドライバーの第1種免許)では両眼で0.7以上、一眼でそれぞれ0.3以上でなければならない。第2種免許は両眼で0.8以上、一眼でそれぞれ0.5以上でなければならないとなっている。一車の免許基準の方がゆるやかになっている。
☞眼は20歳での老化現象が始まる所で人間の臓器の中では一番早い所である。老化が始まると若さえりは無理なので、大切にしてほしい。

3年生へ　健康診断票の「健康質問表」を各自に書かせる。おわり
全学年へ　健康診断票は出席順にまとめて順に保健室へお願いします。

めても短時間でできることではなく素通りである。保健面接を実施してみると，健診結果だけではわからない多くのことを知ることができる。精神的に危機状態であったところを発見したり，学校生活上で教師側の配慮や管理が必要であったり，クラス担任にも知らせる必要があったり，協力を求めたり，こじれる前に早目に対応できる。必要があれば学校内の教育相談関係者や専門機関への相談，橋渡しも可能である。さらに，これらについては，学校行事（11月強歩大会，1月スキー修学旅行，2月マラソン大会）の際に行うスクリーニングを通しても教師側に説明していくことにしている。

　このような行事の時には当然のことだが，保健調査を実施してそのチェック者には保健面接を行っている。その時に参加制限や運動範囲等についての面接だけではなく，メンタルな問題（心身症，不登校，精神科領域や婦人科領域等）も含めて必要な生徒と面接する。行事の時に実施するので特別視されることはなく，彼らも応じやすいという利点がある。

　このようにして得られた個々の生徒のトータルな情報についてのスクリーニング一覧は，担任や生徒指導部の教師たちから歓迎されている。時には一学期の健康診断が終わった頃，一覧づくりに手間取っていると，生徒指導部から催足されることがある。生徒指導上で生徒理解に必要とされていることがわかる。もちろん一覧への書き方には注意を要する。生徒についてマイナスイメージを与えたり，ある種のレッテルを貼るような書き方や人権問題に関わるような記述はしないことにしている。

　このように，定期健康診断の結果に加えて，面接や学校行事の際のスクリーニングなどを通して得られた個々の生徒のトータルな健康状態を報告すると，教師たちは，授業中，ＨＲ中，学校行事，部活動中など，学校生活を通して健康問題を支援しながら個を育てる指導に努力してくれる。

2−5
生徒が生きていくために得となる健康診断への模索

布川百合子

「健康診断」についての議論が続いている。'80年代に山田氏らが問題提起した「健康診断廃止論」におけるプライバシーを大事にする観点，健康診断が障害者差別の根拠に使われる危険性への警告に対しては，学校での健康診断の現状は検討の余地が残されていると私も考えている。しかしながら，「雑務排除論」とも重なり簡単に改訂された現在の健康診断は氏の提起した意図と離れている感がある。とくに学校保健法改訂による検診項目の変更により子どもたちの実態を把握しにくくなり，その結果，このままでは健康診断が生徒の得になっていないと日常の仕事で感じることが多くある。

私は現在の高校に勤務してから，健康診断の重要性，とくに生徒にとって「自分が生きていくために得となる健康診断」の必要性を痛感している。赴任して8年経った今，実践を振り返りながら，健康診断の重要性を考えてみたいと思う。

[1] 健康診断結果からみえる生徒たちの健康実態

1）病気を持つ生徒が多い

'91年に現在校に赴任して驚いたのは病気を持つ生徒，とりわけ日常の管理を必要とされるのに，自己管理はもとより家庭での管理もされていない生徒が多くいることだった。

'92年の健康診断の結果（生徒数766名）をあげると，主なものとして，心疾患8名・腎疾患2名・糖尿病2名・貧血（要治療）3名・喘息19名（発作あり）・てんかん1名・結核2名・脂肪肝3名があげられる。このうち，この年の健康診断で発見した疾病は脂肪肝1名・糖尿病2名・腎疾患1名・貧血2名だった。またこの年以外に過去の学校健康診断で発見されたものは心疾患5名（内1名この年の夏死亡）・結核2名という結果だった。このことから，本校の生徒の健康は学校健康診断によって守られていると言ってよいと思った。この傾向は現在でも変化なく続いている。

2）肥満傾向を示す生徒の多さ

赴任したとき，一見して，あー太い子が多いなと感じた。'92年ローレル指数の基準で160以上の生徒は103/766名（13.4％）になった。うち30名はローレル指数180を超えていた。

'98年でも78/595名（13.1％）という割合である。

　以上のように生活に起因する病気が多く，この他にう歯保有率は毎年71％前後，そして歯肉炎の多さがめだつ。

[2] 生徒の健康実態の背景

　生徒の健康を左右している要因はさまざまあると思うが，しかし地区内の他校と比較しても，有病率が高いのには他校と違う要因がある。そのことについて考えてみた。

1）低学力

　本校は県全体でも地区の中でも，とても低い位置にある。授業そのものは生徒に合わせて自主編成することができるが，自分自身が他から健康に関する情報を得，自分自身で理解することがとても不得意である。また，得た知識を自分の生活に生かすためには時には自分をコントロールする必要があるがそのことがもっとも苦手なことだ。しかし，一人ひとりに接するととても人なつっこく私たち教員に大人としての信頼を置いてくれている。

2）低い保護者の経済力

　授業料の支払いが滞りがちだ。とくに'97年・'98年は厳しい状況になっている。
　1回目の銀行口座で引き落としができない生徒は1/4もいる。2回目でもその1/8しか納入されないので，事務担当者は免除の書類を整えることを勧めることに粘り強く取り組んでいる。毎年10％以内が免除を受けている。生徒のうち，お小遣いを親から与えられる子は少なく，自分でアルバイトをしている。しかし，お金の使い方に計画性がなく，親も子どものアルバイトのお金の使い方には干渉できないと考えているようだ。その結果，保護者は子どもの健康や日常の生活に気遣うことができにくくなる。また，アルバイトや遊びの途中で食事をとるため，自宅で食べない生徒もいる。

3）多い中退者

　中退者が多く，とくに1年生が早い時期にやめることがある。'92年には一年生の20％が中退し，'94年には30％の一年生が中退していった（表1）。その中には，中学校の時休みがちで健康診断を受けなかった生徒もいる。とくに，3年に1回行われる結核検診や心電図検査などでは長く検査されないことがあり，発見したときにひどくなっていたこともあった。その後，教育相談委員を中心に取り組み，中退者の数は減ってはきたが，健康診断を学期の早い時期に設定してより多くの生徒が健康診断を受けられるようにしたいと願っていた。

表1　中退者の数（（ ）内は％）

	'92	'93	'94	'95	'96
1学年	63/307(20.1)	40/287(13.9)	88/296(29.7)	53/252(21.0)	32/248(12.9)
2学年	4/221 (1.8)	10/234 (4.3)	35/238(14.7)	14/205 (6.8)	11/192 (5.7)
3学年	22/264 (8.3)	6/215 (2.8)	3/209 (1.4)	2/185 (1.1)	2/181 (1.1)

4）運動する習慣がついていない

　学校の体育以外に家庭で運動や遊びの経験のある生徒が少なく，運動する習慣がついていない上に運動する楽しみが感じられず，体育の授業中でもサッカーコートの中であぐらをかいていた生徒さえいた。93年4月のスポーツテストの結果（表2）では背筋力と握力を除いた項目において全国平均との差がマイナスとなっている。とくに持久走に至っては全国平均との差が－45.75もあり，運動に取り組む姿勢そのものが育っていないことを示していた。この年を最後に体育科ではテストをやめてしまった。そして，どうしたら生徒たちが運動の楽しみを感じてくれるかと実践を進めている。1年生だけでもと1クラス2人の教師で担当して，一人の教師は生徒に混じって思いっきり運動するという試みをした。生徒は最初，驚いた様子だったが最近では自分たちから体育に参加するようになってきた。

表2　運動能力・体力テスト結果　'93.4実施

		体力診断テスト								運動能力テスト					
		反復横とび 点	垂直とび cm	背筋力 kg	握力 kg	上体そらし cm	立位体前屈 cm	踏み台昇降	合計得点 文科省基準(全学年平均)	50M走 秒	走り幅とび cm	ボール投げ	けんすい 回	持久走 秒	合計得点 文科省基準(全学年平均)
1年 (二三七人)	実施人数(記録者合計)	219 8992	202 11544	208 48063	211 9045	216 10625	209 2059	289 13648.7	181 4044	185 1437.43	182 74815	179 4496	192 747	184 75310	154 3894
	学校平均	44.65	57.13	125.40	42.89	56.10	9.05	65.30	22.34(19.15)	7.77	411.07	25.12	3.89	418.39	25.19(32.00)
	標準	5.75	7.00	31.01	7.04	9.09	9.67	15.15	3.14(3.64)	0.55	46.69	4.47	3.53	46.29	10.75(3.10)
	最大値	56	65	222	70	75	75	140.6	32(29)	6.89	540	38	18	345	60(21)
	最小値	10	37	45	25	5	－19	16.0	13(9)	10.48	275	12	0	605	3(5)
	全国平均との記録差	－3.02	－1.03	＋3.05	＋1.49	－4.72	－0.63	－3.22	－0.54	－0.32	－0.03	－0.70	－2.79	－45.75	－9.65
2年 (二五一人)	実施人数(記録者合計)	238 10664	237 14586	238 31977	238 13019	237 13043	238 2786	238 15795.0	114 5519	228 1756.00	232 94365	230 5769	231 1182	231 52110	220 6178
	学校平均	44.01	61.54	135.58	45.46	55.03	11.71	68.67	24.53(19.44)	7.79	406.49	25.00	5.12	398.74	20.00(11.13)
	標準	4.34	8.41	26.25	6.99	8.56	8.75	14.15	3.01(3.63)	0.61	52.21	5.22	4.24	46.17	12.62(3.14)
	最大値	54	30	294	73	83	64	125.0	32(31)	6.55	534	46	29	323	67(19)
	最小値	31	30	83	27	23	－15	45.9	14(8)	10.88	280	3	0	673	0(5)
	全国平均との記録差	－1.43	－0.14	－0.60	＋0.83	－2.27	－0.05	－0.71	－0.43	－0.46	－27.96	－3.00	－2.93	－34.02	－14.63
3年 (二四二人)	実施人数(記録者合計)	248 10266	234 14291	248 32382	243 10673	243 13053	246 2644	234 15712.3	216 5132	232 1790.78	230 93679	234 5687	234 1002	236 96580	223 5619
	学校平均	42.78	60.05	134.93	43.52	53.72	10.63	67.15	23.76(19.29)	7.72	407.36	24.30	4.31	486.93	25.20(10.99)
	標準	5.46	7.80	29.94	7.50	10.00	9.61	12.58	3.43(4.00)	0.60	55.88	4.75	3.79	39.87	12.21(3.20)
	最大値	54	82	297	71	77	71	107.1	33(30)	6.44	765	40	18	368	76(22)
	最小値	5	35	59	26	15	－29	34.7	14(9)	9.74	230	13	0	636	1(5)
	全国平均との記録差	－2.65	－0.06	＋3.36	＋0.13	－2.67	－0.69	－2.52	－0.61	－0.39	－16.58	－2.65	－3.06	－42.09	－14.08

'99年度は全校のスポーツテストを企画している。

[3] 健康診断がもっと生徒が生きていくために得となることをめざして

1）ゆっくりした日程の健康診断を願ったが失敗

　本校では4月，始業式の翌日に身体計測を実施する。このことをとても慌しいと考えていた。4月中に内科までの項目を終了するためには問診票を集め把握・記録するなど毎年，夜通しの作業を繰り返していた。

　'94年に，もっとゆっくりしたいと考え6月までかけた健康診断を計画した。しかし，その年の新入生の何人かは落ち着かなく入学早々大荒れの毎日でした。5月までに恐喝，暴力で謹慎となったり，健康診断のため並ぶと前の生徒を小突いたり，たたいたり，学校をさぼったりで健康診断ができない状態になった生徒が9名でた。6月にこの生徒たちにまだしていない心電図をさせたいと，他校で受診することになった。

　9名を3台のタクシーに乗せてそれぞれに1名ずつ3名の教師が付き添い，車の中では雑談をしながら行った。その学校に着き，検査会場の二階にあがっていくと教室棟が見えた。そこでは多くの女子生徒が授業中だった。と突然，最初の6名が教室に走りこみ後ろから残りの3名も一緒になって学校中を走り回り，3名の付き添い教師はなすすべもなく，その学校の授業を中断させることになり散々迷惑をかけてしまった。他の問題も起こり，その生徒たちは進路変更を余儀なくされた。

　他の生徒たちも学校に慣れると同時に欠席がちになり，健康診断を長く続けていると生徒たちと話し合う時間も取れなく対応が後手になりがちだった。また，あまり荒れている雰囲気の中では健康診断の効果も薄れ，静かにさせるための教師の注意が飛び交い，他の生徒も健康診断を受ける意欲と落ち着きを失ってしまう様子がみられた。'94年の表1の在籍数と表3の健康診断の測定者数でもわかるように，多くの未検査者を残してしまった。

　一年生以外にも学歴にこだわらないせいか，早い時期に中退してしまう生徒がいる。その生徒にもせめて年に一回の健康診断は受けてほしいと思い，やはり4月第3週には終わらせたいと思うようになった。

　またこのことは安全にしっかり体育授業を行い，体を動かす楽しみを教えたいので生徒の健康情報は早くつかみたいとする体育科の希望にも合致することだった。同じように，担任からもゆっくりと生徒と向き合い，話をするためにも生徒の情報は早くつかみたいという要望があった。

2）生徒が健康診断を自分の権利と感じるために生徒の実態に合わせて重点項目を選ぶ

　もちろん，他の項目を実施しないわけではない。生徒の健康診断結果を出したとき，生徒自身が思い当たることがが多いほうが自分の健康を改善する意欲が持てると考えて，生徒の身近な問題をていねいにしたいと思った。また卒業後すぐに働き始める生徒が大部分（生徒の希望と'98年本校への希望-保護者へのアンケートの回答から）の本校では，働く意欲が出る体を持って卒業を迎えることが重要なことである。

①まず生活習慣から起こる病気と肥満を重点にしたいと判断したのは，本校の生徒に肥満，もしくは肥満に起因する病気が多いことがあげられる。すでに病気になってから発見したのでは，卒業後働く生徒にとって，就職することが困難になり生きる意欲を失うことになるからだ。

　最近，就職前時健康診断を実施する会社がふえてきている。その時に発見されては就職の機会を失うことになりかねない。本校のローレル指数による肥満の生徒（男子）は表3のとおりである。地区内のある成績上位の高校でのローレル氏指数160以上の生徒（男子）は'98年1学年3.0％，2学年2.5％，3学年0.6％です。本校では1学年13.9，2学年14.1％，3学年10.9％となっている。とくに1学年では91年には8.5％だった肥満の生徒が，'98年には13.9％とだんだん増加する傾向にある。

　そのために胸囲を測定し続けようと考えた。胸囲は大きさだけではなく生徒の生きる姿勢を感じ取ることができる。さらに，体育の教師が測ることにより教科の指導の重点を設定することができる。新任の体育教師は測ってみて，ズボンのベルトにおなかがのっかる様をみて「よし卒業までには体を動かす楽しさを教えたいと思った」と言っている。'91年ローレル指数200を超える生徒のうち2名から脂肪肝が見つかり（1名は修学旅行中に風邪をひき肝機能が悪化，そのまま現地に入院，1名は卒業直後緊急入院），肥満の指導の重要性を感じる。

②尿は体のシグナル　未提出者を減らそう

　'91年尿検査においてローレル指数210の生徒が，2回設定された尿検査を2回とも未提出であったので3回目は登校するのを待ちかまえて採尿し検査機関に無理を言って提出したところ，糖尿病が発見された。入院し血糖値をはかりインシュリン量を決定しながらも守れず，3度の入院をしながら家庭と連携を取って日常生活を送り，一年遅れで卒業までこ

表3　ローレル指数160以上の肥満傾向を示す生徒（男子）の数（（ ）内は％）

	'91	'93	'94	'95	'96	'98
1学年	23/270 (8.5)	28/259 (10.8)	24/233 (10.3)	53/252 (21.0)	32/248 (12.9)	33/238 (13.9)
2学年	21/274 (7.7)	25/227 (11.0)	17/182 (9.3)	14/205 (6.8)	11/192 (5.7)	27/192 (14.1)
3学年	24/24 (9.6)	13/206 (6.3)	10/169 (1.4)	2/185 (1.1)	2/181 (1.1)	18/165 (10.9)

ぎつけた。その後も未提出者の中から糖尿・慢性腎炎が発見され，未提出者を減らすことが重要な課題になった。未提出者が多いのは面倒くさい・朝起きられない・遅刻してくるために集める時間に間に合わない，また検体を抱えたまま提出するのを忘れてしまうなどの様だった。

そこで，ア）尿検の重要性について保健だよりを作成，学級指導，イ）検査機関に掛け合い3回目を設定する，ウ）日程を遅刻の少ない日に設定する，エ）集尿時間をぎりぎりまで延ばすこと，の対策を立てて'95年度から実施できた。

その結果で未提出者が画期的に減った。'94年未提出者が94名（12.9％）だったが，'95年には13名（2％）になった。とくに1・2学年の提出率が上がり，'94年未提出者1学年58名（20.2％），2学年32名（13.7％）だったが，'95年には1学年11名（4.5％），2学年2名（1％）となった。'98年の現在でも全校の未提出者は12名（1.9％）となった。'98年の現在でも全校の未提出者は12名（1.9％）となっていて，尿検査の重要性はほぼ定着したと思っている。これには保健部の先生方が遅刻してくる生徒のため生徒玄関で袋を持って待っていて集めたり，持ってこなかった生徒にはトイレで取ることを指導するまでになったことも大きな要因である。

③色覚検査の重要性

今回の改正で，健康診断の項目から外れてしまった色覚検査は工業高校においては重要な意味を持つ。現実に色の区別がつかないとできない仕事もあるからだ。とくに石油化学系の製品を作る際，本校の生徒は検査課に配属されることがある。石原式検査表で異常とされた生徒でも大部分の生徒は他の生徒と変わらなく仕事ができる。しかし，中には微妙な色合いがわからない生徒もいるようだ。色覚検査で差別をしないという取り決めがなされた後，求人票の記載項目に色覚の項目はなくなった。しかし，採用時健康診断において検査を実施する会社もある。その結果，会社の主な仕事ではなく本人にとって不本意な部署への配属になってしまうことがある。

ある生徒は製品に着色をする化学会社を受験した。ところが不採用になってしまった。実際に製品にあたってみたところ微妙な色合いが判別つかなかった様だ。現在の就職難の時代に不採用になってから，次の会社を探すことは本人にとっては不安なことだ。幸い次の仕事を見つけることができたが，やはり生徒が自分の特性はしっかり把握し，自分の体の特性に合った仕事を選ぶ，あるいはやりたい仕事をできるように自ら工夫することは重要なことと考えている。そこで，まず，小・中学校時の健康診断票を春休み中に点検し色覚特性を持っている生徒をピック・アップし，その生徒たちを除いた生徒たちに検査をする。一人ずつ並んでする検査方法ではないので誰がしてないかは生徒たちにはわからない。その後，ピック・アップした生徒とは一人ずつの面接をして，色覚についてどんな想いを抱いてきたか，将来への希望など話し合うようにしている。

会社に対しては実際の製品，仕事を具体的に記載してほしい，さらに実際あたってみてから判断してほしいと申し入れている。

④エックス線撮影・心電図は確実に受けさせよう

　エックス線撮影・心電図検査は現行規則では3年に1回になっている。本校生徒の食事・生活状況から結核検診をできるだけ受けさせたいと考えている。かつて2名の要医療者が見つかったこともある。そこで，地区内で未受験者が多い本校でもう1回検診機会をつくり，地区内の他校の生徒も受けにくることにした。心電図検査も2回検査機関に来てもらうことにしている。一人でも大事にして厳しい状況を生きてきた生徒に，社会が信頼に値することを知って卒業してほしいと願っている。

[4] 生徒が体の結果を受け入れることができ，生きていく援助を

　健康診断の事後処置もいっしょに考え，援助していく姿勢がなければ健康診断をした意義が失われる。生徒たちが健康診断を面倒でもやる気持ちになるには自分が生きていくために得になることと感じられることがとても大切なことだ。3回目の検査で，糖尿病が発見されて入院した生徒が私に言った。「先生，俺たち，本当にばかだったよ。健康診断なんて自分の勝手じゃん。うるせ。と思っていたんだけどその結果，こうして仕事もできないで金払って入院しているんだ。金，持ってないのに。金持ちは頭いいから，ただの検査を面倒がらずに受けて病気にならないんだ。本当に馬鹿だったんだね。」と。私は「もっと早くこのことをわかるように教えなければならなかったね。でもね，まだ終わりでもないんだから，今分かって良かったね。金持ちがみんな頭良いわけでもないけど先が読めるということかな。」と答えた。このように，生徒たちが健康診断をして得したと思えるようにするためには結果を出した後の援助がとても大切なことだと考えている。

1）健康診断の結果をふまえ改善に向かっての援助

　精密検査は家庭と連絡をとって行いますが，なかなかスムーズにはいかない。ふだん親がいない，もしくは一人暮らしで家庭のない生徒もいる。一人で対応していかなければならない。一緒に医療機関に行きながら徐々に一人で対応できるように指導している。

　貧血を疑われた女子生徒がいた。両親が離婚した直後，父は再婚，一緒に暮らしていた母はくも膜下出血で倒れまったく意識が戻らなかった。母を施設に預け一人暮しになった。食事の作り方もわからず，面倒なので外で遊びながらの食事をした結果であった。食品の選び方や病院の受診の仕方を校医さんから本人に教えていただいた。就職は寮のある会社を探し，就職の面接までには治癒することを目標にした。現在，仕事に就いている。寮な

のでまた食事を作らなくなるのではと笑っている。
　紫斑病性腎炎の男子生徒がいる。本人はこのまま経過すると人工透析になることは理解している。そこで私は一日でも先に延ばすことを考えたが，本人は動けるうちに旅をしたり，やりたいことをしたいと思ったようで，寝ずに物語を書いたりしていた。その結果，医師より，もうじき透析に入ることを告げられた。透析に入れば実習が中心の本校では単位を取得することができなくなる。登校の意欲もなくなり休学となった。本人の気持ちと私たちの願いが食い違ってしまい，とても悔いの残る事例だった。前述したとおり多くの肥満の生徒がいる。内科検診の際，食べ物についてや肥満が引き起こす病気について指導を受ける。私も面接しながら指導をするが，1・2学年のうちはなかなか是正できない。しかし，3学年になるとそう悠長にしていられない。採用の際の健康診断で高脂血症が見つかったり，肝機能が悪かったりすると就職に悪影響を及ぼす。3学年5月就職指導の時になぜ痩せなければならないか，現在痩せていてもきちんと食事をとることの大切さを指導する。とくにジュース等清涼飲料水の飲みすぎ，アルコール・たばこの高脂血症，高コレステロール・肝機能に与える悪影響，これらの機能が悪いととても疲れること，そしてそのために会社が採用をためらいがちになることなどを指導する。6月には保護者向けに説明をする。夏休み前には個別指導をする。9月末には1名を除いて17名が体重を減らしてきた。100kgを超えていた生徒は1年間で25kg減り，動きたくなかったのは自分の体重が重かったためと気がついた。減らず高脂血症になった1名を除いて，当初，肥満の生徒全員が就職できた。

2）実態に合った授業の組み立てを考える

　健康診断の結果，授業の内容が適切でない場合その内容の変更を教科の教師と協議することになっている。その結果，登校が可能ならば単位の取得がかなりできるようになった。
　たとえば川崎病の既往を持っているが，経過良好の生徒がいた。ところが集団でやる運動を拒み，後でマラソンで補習すると言い張り体育をしないでいたところかぜをひき受診の際，不整脈がみつかった。精密検査の結果，マラソンはできないことになった。本人はやると突っ張ったが，体育教師と私はいい機会なので自分の体と川崎病についてレポートを書かせて補習とすることにした。とくに両親の思いも知ってもらいたいので，両親が病気の子どもにどんな願いを持っていたかを中心に，両親に聞きながらレポートを書かせたところ，その後夜遊びをしなくなり，自分の体の状態に合わせて，今やらなければならないことをやるようになったと本人は言ってくれた。今では，卒業して，元気に働いている。
　このように生徒の状態に合わせて，柔軟にしかも生徒の課題に迫ることが重要な事だと考えた。

3）生徒の健康状態に合った職業の選択を

　生徒たちは技術を持って仕事に就いて働くことを希望して，本校に入学したことは前述したとおりである。私は，働くことが自己実現ととらえている生徒たちを誇りに思っている。彼らが長く働くためには，自分の健康に合った職業を選択する必要がある。
①ある糖尿病の生徒は何回もの挫折を乗り越えて自己管理できるようになって卒業を迎えた。しかし，担任の先生は主治医の診断書と学校生活に対する私のレポートを持って何回も本人が希望する会社に説明に行ったが採用されることは簡単ではなかった。主治医はなんでもできると言うが，会社の産業医はよいと言わない。とうとう大きな会社には就職ができなかった。小さな会社に就職したが，本人は仕事に就けたことを喜んでいる。
②またアトピーの生徒で普段の生活管理はあまり必要でない場合でも，化学会社となると問題が出てくる。どんな物質に反応するかを考えることが必要になってくる。主治医と長いアトピー歴を相談し，アレルゲンのない化学会社を選ぶ工夫もしている。
③身長140cm代の男子生徒の就職，下半身マヒの生徒，など生徒のそばにいて，一緒に考えることで職業選択の幅も広げることをめざしている。そうすると「どうせいいよ。」とか，「面倒くさい」とすぐ投げやりになることが避けられるようだ。

[5] プライバシーと生徒の権利

　自分の権利を主張する時は相手に自分を分かってもらう必要がある。問題は自分が知ってほしい人以外に知られることなのだ。その条件整備を怠り，プライバシーが守られないから診なくてもいいということにならないと思う。もし生徒が，どこかの医師の診断書を持って入学するようになったら，本校の生徒の多くは意味もわからず「異常なし」の紙を持ってくるという感覚になってしまうだろう。また，養護教諭はその診断書の意味を理解するために，多くの努力をしなければならない。以前知り合ったアメリカのスクール・ナースも5ドルの診察料援助をしても診断書提出のための診察をしない保護者がいる事を指摘していた。保護者の状況によって生徒の状況の格差が，今より広がることは避けたいと現在校に勤務して痛感している。

　むしろ養護教諭は生徒の健康をよく把握し，自分の権利が守られる要求となるように生徒を援助することが重要なことと考えている。私は女子生徒の胸囲を測定しているが，生徒は自分の胸郭や乳房について，実にいろいろな質問をしている。一つひとつていねいに対応していると恥ずかしいけれど良かったと言う声が聞かれている（全校50名足らずの女子なので養護教諭が一人ひとりに対応している）。

　本校では子どもの権利条約からみた本校の教育について，弁護士と一緒に校内研修を2年間にわたって実施した。生徒のプライバシーに触れずには生徒を守ったり，指導したり

することができないことが多く起こるからだ。また保護者も，ある時は援助を望んだり，急に拒んだりして私たちは対応に苦慮することがある。この研修で私たちは，子どもの利益を最優先することを学ぶと同時に，常に子どもの利益を考えて判断することも学んだ。

[6] まとめ

1. 自分の健康実態を知ることは生徒の権利である。できるだけていねいに，実態に合わせた検診項目を公費でしかも学校単位で組めたらと思う。
2. 生徒がその時，たとえ指導に乗らず，健康状態が悪化してもいっしょについてあげていれば大事にしてもらえたという認識を持つことができる。
3. 自分の体の実態を知ることにより，生きる方向を考え定めることができる。厳しい経済状況を持つ生徒には重要なことである。他との違いも認識することができるし，自分なりに生きることを大切にしてほしいと願っている。
4. 最近不況になり，人件費のコスト・ダウンのためか労働者の健康実態把握よりも雇用者の保険支払い軽減を意図したと思われる採用時検診後の不採用があるように思われる。
5. 一律なプライバシー論や差別論は，政府が子どもたちの実態をとらえないための，口実になってしまう。健康診断がなければ生徒の健康実態に大きな格差が生まれ，それは大概，保護者の経済状況と高い相関になっているのが現実だ。学校での健康診断は子どもの権利を守る上で絶対に必要なことと考え，それにふさわしい健康診断を実施していきたいと考えている。

2−6
五つの実践が示唆するもの
藤田和也

　以上，小・中・高の五つの実践は，学校保健法に定められた健康診断を実施しながら，それぞれの学校と子どもたちの実態に合わせていろいろな工夫を凝らし，それぞれの発達段階にある子どもたちにとって十分に意味のある健康診断に仕立てている。ことに，子どもたちが主体的に健康診断を受け，それを通して検診の意味やからだの発育や働きについて学習し，自分のからだの成長や変化を自覚できるように教育的な働きかけを意識的に組み込んでいるところに共通の特徴があるといえる。まさに，健康診断の教育的展開といってよい。

　ここでは，これらが「教育としての健康診断」と呼べるゆえんを，一つひとつの実践に即して確かめることにしたい。

[1]「受けさせられている」のではなく，
##　　子どもが「主体的に受ける」健康診断へ

　東京都渋谷区立中幡小学校の宍戸洲美実践は，健康診断についての法改正が行われたことがきっかけで「今まであまり問い直すこともなく実施してきた健康診断について改めて考え直し，これまでどちらかというと子どもたちをベルトコンベアに乗せるような管理的な健康診断になりがちであった点を改め，学校医との話し合いや歯科医の協力を得て，さらには子どもたちの思いや父母の要望をも聞き取りながら，検診の方法やすすめ方を改善し，子どもたちが「受けさせられている」検診から「自分から受けてみたくなる」ような検診へと脱皮を図った取り組みである。

　取り組みは着任したその年の校医検診の場面から始まる。検診の日になると，担任や子どもの様子から，「何とか怒鳴られないで校医さんの前を通過できることを最大の目標」としていることがわかる。当然こんな健康診断は子どもたちみんな好きになれない。実践者は，「あまりにも厳しい校医さんのやり方に子どもたちが可哀想になり，途中で中断して校医さんと話し合った」という。そして，翌年に向けて改善の方途をさぐる。少なくとも，子ども自身が校医さんと目を合わせて自分の検診の結果が聞けること，もう一つは自分のからだについての心配や疑問を校医さんに質問してみること，この二つを健康診断時に取り入れようと考えるのである。とても優れた着眼であり，健康診断のあり方を変える（子どもを主体的な受診者にし，校医と子どもとの関係を組み換える）本質部分の一つといえ

る。

　難関である校医さんに子どもの思いや実践者の願いをていねいに話して了解をとりつけるとともに、子どもたちには、「事前に自分たちの生活の仕方や自分のからだについて見直し健康診断と日常の生活の仕方を合わせて考え、課題を持って健康診断に臨むように仕掛けた」というから、「さすが！」というほかはない。具体的には、歯科検診では、事前に自分の歯を観察してデンタルマップを作らせ、観察時に出てきた疑問については検診時に校医さんに質問ができるようにし、検診結果は校医さんから直接子どもに伝えてもらう、そして事後にはそのマップを完成させる、というじつに見事な教育的取り組みに仕立てている。また、視力検査でも、事前に生活や自覚症状の自己チェックをして測定に臨ませたり、自分の経年的な変化が観察できるように工夫している。

　さらに内科検診では、保護者が書く「保健調査票」だけでなく、子ども自身が書く「保健調査カード」への書き込み作業を通して、日頃の自分のからだや生活の様子を振り返らせ、校医さんへの質問事項を考えさせている。子どもたちは、検診時には「私は背が低いけどもっと伸びますか？」「走ると頭が痛くなることがあるけどなぜか？」「アトピーがかゆくてねむれない」などといろいろな質問をしたという。校医さんも子どもが記入したカードを見ながら、「君は毎日こんなに寝るのが遅いのか」「うんこは毎日出ないのか？」などと話しかけ、昨年までの健康診断とはずいぶん雰囲気が変わったという。

　こうしたきめの細かい取り組みは、子どもたちの気持ちを積極的に検診に向かわせ、主体的な参加意識を十分に育んでいるに違いない。また、歯科校医、内科校医に協力を依頼して子どもたちの質問に答える取り組みを検診に組み込んでいる点も、実践者も記しているように「納得して診断や治療を受けるインフォームドコンセントの感覚」を養い、「子どもたち一人ひとりが校医さんに主体的に向き合う健康診断」となっているといえる。

　加えて、健康診断後に養護教諭と学校医で子どもと父母の希望者に個別の健康相談を開いていることや、健康診断結果から明らかになった集団的な健康課題をその年度の健康教育の重点テーマにして取り込んでいる点にも、きめの細かさと確かさがうかがわれる。さらに、健康診断後の取り組みはそれにとどまらず、子どもと父母を対象に健康診断についての意見調査に取り組み、子どもと父母の要求をくみ取るとともに、保健委員会の子どもたちがその調査結果をまとめて学校保健委員会で報告し、PTAの保護者と教師と校医さんたちが健康診断について話し合うなど、じつに見事な健康診断実践を編み上げている。

[2] 子ども主体の教育としての健康診断を求めて

　北海道美瑛町立宇莫別小学校の渋谷和子実践（1998年度までの前任校での実践）は、近年の学校健康診断が「簡略化、省略化の方向に流れ、ていねいな健康診断とはなりえない

状況が広がって」いることを憂いながら，自らは，子どもたちの意見を聞き，担任や学校医を巻き込みながら，子どもたちの認識にていねいに働きかけ，彼らが自分なりの課題を持って主体的に参加できるような健康診断に取り組んでいる。実施後にはさらに，検診結果をもとに子どもたちとさまざまな学習活動を展開するとともに，他方で健康診断結果を持って家庭訪問をし，保護者とともに個々の子どもの成長ぶりと生活課題を確認するという，じつにていねいな実践を展開している。

実践者は，「真に子どもを大切にするということは，（プライバシーの侵害を必要以上に恐れて子どもの）悩みや劣等感に触れないように扱うということだけではなく，人間の成長や発達についてより深く理解することにより，劣等感を乗り越え，発達の主体者として，前向きに生きる力を内面にしっかりと育むこと」が重要であると考えて，「子どもが主体の健康診断」づくりに取り組んでいる。

まず注目されるのは，子どもたちが主体的に健康診断に向かうようになるために，学級担任や学校医の協力を得ながらとっている手立てが，じつに巧みなことである。一つは，学級担任に主体的にかかわってほしいと考え，健康診断に向けての学級保健指導に取り組んでもらうために，担任が指導したくなるような楽しい資料を盛り込んだ「保健指導の手引き」を作成して協力を求める。また，子どもたちには，主体的に検診に向かわせるために，一人ひとりが「課題を持って受ける」ように仕組んでいる。たとえば，歯科検診では，事前に自分で観察した歯の状態と検診でわかった結果とを比べたり，結果をもとに「虫歯地図づくり」に取り組んだりする。さらに，医師検診では，学校医に協力を依頼して触診や聴打診の意味をわかりやすく説明してもらったり，子どもたちの質問にも答えてもらう。やり始めると，しぶしぶ応じてくれていた医師が「一番熱が入り，その気になって」いったという。子どもたちの真剣なまなざしと生き生きとした様子に，「医師自身が触発され，変わっていったのだと思います」と実践者はいう。

また，子どもたちとの話し合いを通じて，健康診断の実施のしかた（下着を着たままの体重測定や検診を改めること）について，検診の意味や養護教諭としての願いを説明しつつも，彼らの思いや要求をていねいに聞き取り，子どもたちと一緒に検診の方法を工夫し改善しながら，子どもたちを要求主体に育てようとしている点も見逃せない。「子どもの声を聞きつつ要求を引き出し，時にはこちらの要求もぶつけて，共によりよい健康診断を創ることが教育としての健康診断なのではないだろうか」という実践者の言葉は，すこぶる説得的である。

さらに，事後指導で，身長や体重をグラフ化した発育の学習，胸囲を活用した呼吸・循環機能の学習などに取り組み，子どもたちが自分のからだと発育の状態を確認できるようにしつらえている点も見事である。以上のように，事前・実施・事後にそれぞれ子どもたちの学習機会を巧みに組み込んでいる。

他方，この実践の組織過程もとても重要である。一つは，こうした教育的な健康診断に仕立てるために，担任教師や学校医に理解と協力を求めて取り組みに巻き込んでいる点は，先の宍戸実践と同様に実践者の確かな力量がうかがえる。そして，それを通して担任や医師の姿勢や考え方が変わっていく様子からも，この取り組みの確かさがうかがえる。こうした理解と協力が得られなければ健康診断の教育的展開は難しい。

　さらに，健康診断結果を単に家庭への「お知らせ」で済ませるのではなく，養護教諭がその結果を持って家庭訪問をし，子どもをまじえて生活の課題を確認したり，家庭での援助について父母と話し合うという，小規模校ならではのきめ細かい取り組みは，「子育てと教育をつなぐ健康診断」と実践者自らがそう呼ぶように，その名にふさわしい内実を持っている。

　このように，養護教諭が学級担任，校医，保護者と有機的に連携しながら，いわば協同で健康診断に取り組んでいくトータルなかたちを作り上げている点も，これからの学校健康診断のあり方を示唆しているように思われる。

[3] 一人ひとりの疑問や不安に答える「健康評価」を組み込んだ健康診断の取り組み

　お茶の水女子大学附属中学校の山梨八重子実践は，「子ども自身が自分の権利として自分の成長やからだの状態，働きをとらえ，どのような生活を組み立てていけばよいのかを問い直していくこと，そのためにどのような社会的な援助を要求すべきかをとらえていく力を育てる出発点として，健康診断が機能しなければならない」との，すこぶる明瞭かつ的確な目的意識を持って，中学生たちの要求を取り入れ，一人ひとりの疑問に応え，子どもたちが自分の健康・発育状態を肯定的に確認できるような「健康評価」を組み込んだ実践である。

　実践者は，このような健康診断を追究することになった問題意識を次のように述べている。実践者の参加したある研究会で，健康診断の精度が低いことや学校五日制完全実施による行事削減などを理由に，健康診断を各家庭が学校外で行い結果を報告させる方式を提案するレポートが出された際，実践者は「本当にそれでいいのか，学校であえて実施する意義は何かという問いが明確に私の中にわいて」きて，健康診断の教育的意義を自らの実践を通して問い返すことになったという。

　実践者はまず，健康診断が「子どもの思いや要求を受けとめ実現しているのか」という問い直しから出発して，「子どもの健康診断への要求をなるべく実現するように」取り組む。女子生徒が上半身を脱いで検診を受けることをためらうことから，心電図検査やエックス線撮影，内科検診などに利用できるような検査着の着用を採用したり，計測数値を声

を出して読み上げることをやめて欲しいという希望を聞き入れて，デジタル表示のセパレート型の体重計に買い換えたり，校医さんに頼んで女子生徒の内科検診に女医さんを確保してもらうなど，可能な限りの要求実現に取り組んでいる。さらに，保健委員会の生徒たちから，待ち時間の短縮とよりていねいな検診実施のために医師の数を増やすことが要望として出され，それにも応えて増員したという。

　さらに，何よりもこの実践の特徴点は，検診の最後に，養護教諭二人（一人は付属小学校からの助っ人）と保健体育担当の女性教員の三人で，「健康評価」と呼ぶコーナーを設けて個々の生徒に健康診断結果の総合評価をしている点にある。そこでは，子どもたちの検診結果についての疑問や質問に答えるのみでなく，「健康であること」「成長・発達している」という事実をきちっと評価してあげることを大事にしているという。思春期の真っ只中の中学生たちが自分のからだと健康状態を肯定的に受けとめ，自己の成長に信頼と希望が持てるようにとの意図からである。実践者は，これを「子ども自身の不安や考え，疑問などを出発点にしながら，成長した自分を認める場として，また，それを支えた生活のありようを肯定的に認める場として膨らませていきたい。言い換えれば，子ども自身が自分の健康や体や心，そして生活を前向きに主体的にとらえ，創り出していく意欲をわかせる場，それらを学ぶ場として」機能させたいと考えているという。じつに的確で含蓄のあるねらいである。「まさにここに健康診断の教育的意義がある」と実践者は明言しているが，教育というものの核心をついたねらいであるといえる。そしてそのことは，何よりも，この健康診断を受けた生徒が「健康診断の結果がはじめてよくわかった」ともらした言葉が，それまでに受けてきた健康診断への批判とこの方法の教育的意味とを雄弁に語っている。

　さらに，この取り組みは同じ附属の小学校と高校の養護教諭との連携で取り組まれているのであるが，その経験をふまえた「それぞれの発達段階やその集団の健康実態や生活実態から，今何をその項目に入れるべきか，どういう検査方法が必要なのかをそれぞれの学校で組み合わせていくことを可能にする必要があるだろう。まさに規制緩和である」との提起も極めて説得的である。

　最後に，実践者がこの取り組みを通して実現できたこととして以下の事項をあげているが，それらはこの取り組みの教育としての質の確かさが十分にうかがえる。

①子どもが持っている生活感覚や身体感覚を使って，自分の体の状態を予測するよう組み込むことで，健康診断の結果に関心や予想を持って参加できるように働きかける。
②子どもがそれぞれの健康診断の結果を，一つの事実として正確に理解する働きかけをする。
③成長した事実，異常がなかったという自分の体に対しての喜びを一緒に共感し，これまでの生活を改めて振り返る契機とする。

④指摘された事実に対しての疑問を再度確認したり，解決するために専門の医師を活用する方法を示し，実行することを励ます。
⑤指摘された事実に対して，具体的にどうしたらよいのかという解決への意欲を持たせるために，その子どもになし得る方法を提案する。

[4] 生徒の実態に合わせてていねいに実施し，トータルにケアする健康診断

　県立高校の岡部初子実践は，「どうせ，どこも悪くないんだから，検診なんか受けねぇよ」「検尿なんか，面倒で出さねぇよ」「虫歯！　オレの勝手だろ」といった意識が，少なくない生徒たちに広がっている実態の中で，中学時代から健康診断を受けたことのない生徒や経済状態に恵まれずに不健康な状態にいる生徒たちのために，なんとかして健康診断を「生徒の権利として全員に受けさせたい」との思いで悪戦苦闘しながら取り組んでいる実践である。

　実践者は，前任校での健康診断では「授業の合間と校医の予定とを合わせて，短時間で早く終わらせることに気を遣う」ばかりで，必ずしも生徒たちが受けて満足するものにはなりえていなかった。しかしながら，比較的従順な生徒たちに救われてきた感があったという。ところが，本校に転勤してきて「事態が一変した」という。冒頭に紹介したような生徒たちの反発にあってしまったのである。

　そこでまず，生徒たちのこうした意識の実態をふまえて，健康診断の日程については，連絡の徹底しない休みの続いた日や月曜日を避けたり，検診日を連続させないなど，「生徒が受けやすい，出しやすいスケジュールに」するところから工夫を始める。また，生徒たちが「ていねいに扱われている」と感じることができるように，担任教師が検診に臨むときの注意点などを生徒に話すときには，「誠意ある態度でていねいな説明してほしい」とお願いしている。実践者自身は，生徒一人ひとりが安心してしっかりと受けられるような環境づくりと気配りをしながら「個別指導に徹した」という。ことに，「校医は生徒の態度，振る舞い等からあまりよい印象を持っていなくて，健康診断の行い方もていねいさに欠ける」点も見受けられたので，自分がぴったりとそばについて補助をし，生徒たちが「ていねいに対応されている」という印象が持てるように努めたところ，「生徒はふざけることもなく自分の体に意識を持って受けるように」なったという。

　また，検尿の提出率を高めるために，全校集会時に養護教諭が検尿の必要性について語ったり，未提出者への何回もの連絡や生徒の体験記を載せたプリント資料の配布などをして，ねばり強く回収に取り組んでもいる。このように生徒たちの意識の実態に合わせたていねいな実施のしかたをすることによって，生徒たちの受診態度が少しずつ変化していく。

歯科検診でも，それまで生徒のうるささに歯科医はうんざりして態度を硬化させ，教師たちもこの歯科医の検診日はピリピリしていたという。しかしながら，その歯科校医は，歯科医二人と歯科衛生士二人という体制でていねいな検診をしようとしていることを知り，検診用の教室に入る生徒の人数を制限して静かに受診できる雰囲気をつくっていったところ，生徒一人ひとりに順番を待ちながら徐々に検診に向かう態度が出てくるようになる。検診を終えて歯科校医は「こんなに静かな検診は10年ぶりです」と感慨深く語ったという。その後，歯科校医はより好意的・協力的になって，翌年の検診ではその場で個別指導を折り込んでくれるようになり，生徒のほうからもブラッシングのやり方についての質問が出るようにもなる。その年の検診を終えて歯科校医は，「あきらめないで本当によかった」としみじみと語ったという。そして，その翌年はさらに意欲的になって，個別指導をもっとていねいにやるために歯科医をもう一人増やしたいという申し出があったというのである。実践者の気配りの効いたまさに「誠意ある」取り組みが生徒たちを変え，校医をも変えていったのである。

　さらに実践者は，健康診断を単に健康診断のみにとどめずに，生徒の健康実態をとらえる他の取り組みと結んで，生徒たちの健康実態をトータルにとらえる取り組みにつないでいる。実践者は健康診断結果だけでは個々の生徒の心身の健康状態をトータルにとらえるには不十分であると感じ，担任もまた健康診断の全体的な集計結果よりも自分のクラスの個々の生徒たちの健康問題に関心があることから，個々の生徒のトータルな健康状態の把握に努力を注ぐ。健康診断の事前に行う保健調査に書かれた内容をもとに，短時間ながら養護教諭が生徒一人ひとりに面接を実施して，持病や気になること，不安なことなどの聞き取りをする。さらに，スキー旅行やマラソン大会などの学校行事に向けて実施するスクリーニングと面接結果の一覧をも加えて，総合的な子どもの実態把握とケアに力を入れているという。こうして健康診断結果やメンタルな面も含めてトータルに個々の生徒をとらえて，必要な折りに個々の教師たちに伝えると，担任たちも「授業中，HR中，部活動中，健康問題を支援しながら個を育てる」指導に力を入れてくれるようになったという。

　以上のように，生徒の実態に合わせたていねいな検診と個々の生徒の健康実態をトータルにとらえ，トータルなケアをめざすこの健康診断実践は，「健康診断は生徒の権利」という実践者の言葉に，その思想が集約的に表現されているといえる。

[5] 生徒が自分の権利と思えるような健康診断をめざして

　神奈川県立工業高校の布川百合子実践は，生徒たちのおかれた厳しい現実（低学力，保護者の低い経済力，多い中退者）を背景に，毎年健康診断で重要な疾患や異常が発見され

るという実態の中で（それだけに，生徒の健康が学校健康診断によって守られているということを実感していると実践者はいう），生徒の実態に合わせたていねいな健康診断を実施するとともに，その結果をもとに進路（職業選択）や生き方につないで取り組んでいるきめの細かい実践である。

　実践者は，生徒が健康診断を自分の権利と感じることができるように，できる限り生徒の実態に合わせて重点項目を選び，しかも生徒にとってより身近に感じる項目をよりていねいに実施しているという。健康診断結果にかかわって生徒自身が思い当たることがあるというような項目のほうが，自分の健康を改善しようとする意欲につながると考えたからでもある。そこで，生徒たちの間に肥満もしくは肥満に起因する病気が多いことから，法改正で選択項目となった胸囲測定を引き続き実施するとともに，ローレル指数の割り出しをして事後指導につないでいる。ローレル指数200を超える生徒のうちの2名から脂肪肝が見つかったことから，肥満の指導の重要性を感じているという。

　それと関連して，尿検査の未提出者を減らすことにも力を入れる。保健だよりや学級指導を通じて尿検査の重要性について伝え，検査機関にかけあって検体の提出機会を増やしたり，提出日を遅刻の少ない日に設定したり，さらには集尿時間を業者が取りに来るぎりぎりまで延ばすなど，生徒の実態に合わせて柔軟に進めている。その結果未提出率が10数％から1％あまりにまで減少したという。これには，保健部の教師が遅刻してくる生徒のために玄関先で待っていて集めたり，持参しなかった生徒にはトイレで取ることを指導するといった，保健部の教師たちのねばり強い協力が得られたことも大きな要因であるという。

　また，工業高校生の職業選択との関連で色覚検査の重要性を考え，小中学校時の健康診断結果から色覚特性を持っている生徒をピックアップして，個人面接のおりに「色覚についてどんな想いを抱いてきたか，将来への希望などを話し合うように」しているという。また，生徒の食事・生活状況から，結核検診と心電図検査は必ず受けさせたいということで，検査機関に交渉して2回来校してもらうようにしているともいう。

　さらに実践者は，生徒たちが健康診断の結果を受け入れ，その結果にきちっと向き合って生きていくには，健康診断後の指導と援助が重要であるという。精密検査が必要な生徒には家庭に連絡をとるが，親がいなかったり，一人暮らしの生徒がいたりと，さまざまな家庭背景を考慮しながら，じつにきめ細かな指導と援助にあたっている。それぞれの「生徒の状態（家庭の事情や本人の意識や認識）に合わせて，柔軟にしかも生徒の課題に迫ることが重要」だと実践者はいう。こうした健康診断結果を，彼らの職業選択や生き方の選択とつないだ指導と援助を展開している点もじつに敬服する。糖尿病を抱えた生徒やアトピーの生徒の職業選択での相談，受験する会社への説明と交渉など，担任教師と養護教諭が一緒になってきめの細かい取り組みをしている点はほんとうに頭が下がる思いがする。

加えて，「子どもの権利条約」からみた教育活動（生徒指導や健康診断など）のあり方について，弁護士を招いて校内研修を組むなど，生徒の権利とプライバシー保護への配慮も怠らない。
　実践者が実践記録のまとめに記した次の点は，これからの学校健康診断が基本とすべき理念を明快に表現している（筆者の抜粋，修正・補筆を含む）。

①自分の健康実態を知ることは生徒の権利である。生徒の実態に合わせたできる限りていねいな検診を学校単位で，しかも公費での実施を。
②自分の体の実態を知ることにより，生きる方向を考え定めることができる。健康診断結果を進路選択と生き方につなぐ事後の指導と援助を。
③健康診断がなければ生徒の健康実態に大きな差別が生まれる。生徒の健康実態は保護者の経済状態と高い相関があり，学校健康診断は子どもの権利を守る上で欠かせない。

[6] まとめ

　以上五つの実践から，今後の健康診断のあり方をさし示していると思われる共通の特徴点と，「子どものための健康診断」の要点を抽出してまとめにかえた。
　まず特徴点の一つは，子どもの人権を尊重し，健康権を保障し，学習機会に仕立てていくことを大事にした健康診断であることである。これを，「子どもの人権・健康権・学習権を保障する健康診断」と括ることができる。
　二つめは，子どもが目的意識を持ち，意義や方法を認識し，自ら課題や要求を持って主体的に参加する健康診断を追求していることである。これは，「子どもが主体的に参加する健康診断」といえる。
　三つめは，子ども，教師（養護教諭や担任），学校医，父母がそれぞれに意見や要望を出し，連携・協力しあって「みんなでつくる健康診断」を実現していることである。これは，「子ども・教師・医師・父母，みんなでつくる健康診断」と呼ぶことにする。
　以上は，これからの学校健康診断のあり方の三つの指標ということができる。
　つぎに，五つの実践から学びとれる「子どものための健康診断」の要点は，以下の四つのkey wordsに集約できる。

①　実態（子どもの健康実態に即した健康診断）
　共通の最低水準を維持しつつ，子どもの健康実態に合わせて柔軟に編成する
②　要求（子どもの要求・意見に応える健康診断）
　健康診断に対する子どもたちの意見や要求を可能な限り取り入れ，改善する

③　参加（子どもが主体的に参加する健康診断）
　　子どもたちが自分なりの課題や目的意識を持って健康診断に臨めるよう工夫する
④　学習（子どもが学習主体となる健康診断）
　　子どもたちがからだや健康，検診の意味や方法を学びあう健康診断に仕立てる

＊文中の引用は，第6回日本教育保健研究会（1999.3）において報告された共同研究最終報告「健康診断に関する研究」に載せられた実践記録からのものである。

3

見えてきた
「子どものための健康診断」の
実践像

3 見えてきた「子どものための健康診断」の実践像 1990年代の健康診断実践の動向から

藤田和也

　この数年，学校健康診断を子どもたちにとって意味あるものにしようと，養護教諭が自覚的に取り組んだ意欲的な健康診断実践が数多く生み出されてきている。この傾向は1990年代半ばから目立ってきたが，これには1991～4年にかけて文部省が行った学校健康診断の実施方法の改訂（とくに，視力測定の方法の簡略化，う歯の記載方法の簡略化，胸囲測定の選択的実施など）をめぐって，学校現場で少なからぬ議論や混乱が生じたことがきっかけとなっている。

　それだけに，これらの自覚的実践は，この政策方向に対する疑問や問い直しを内に含んでいるところに共通の特徴があり，子どもの実態に即して実践を創り上げてきた養護教諭の実践に向かう姿勢と力量の確かさがうかがえて，頼もしくもある。と同時に，教育実践（現場）の教育政策（行政）とのかかわりにおける相対的独自性（独立性）が端的に現れたものとみることができ，教育政策と教育実践の関係を考える上でとても興味深いものがある。

　この実践傾向の政策動向とのかかわりにおける意義もさることながら，これらの健康診断実践のより大きな意義は，その実践の質と方向性にあるといえる。すなわち，これらの実践は，「子どもたちのための意味ある健康診断はどうあるべきか」との問いを内に含んで，さまざまな改善と工夫が試みられており，しかもそれらが教育的な質を持って展開されているという特徴を持っていることである。そしてそれらが，それぞれに今後の学校健康診断の実践像を鮮明に描き出しているように思われる。

　ここでは，1990年代の約10年間に公表された養護教諭による健康診断実践の動向をとらえ，そこから学校健康診断の今日的な実践像の特徴を取り出してみたい。ここで対象とする実践は，1990年前後から1999年までに学校保健関係雑誌や研究会等に報告レポートとして公表されたものであるが，その数は実践記録の数にして70点に及ぶ。ただし今回対象とした実践の記録は資料源に限りがあり（P.125～129のリスト参照），他に健康診断実践の記録が収録されている可能性のある文献・資料で未調査のものもあるので，公表されている

実践の記録はもっと多数あるはずである。しかしながら，今回リストアップしたものによってその動向の特徴的な点をほぼとらえることができたように思う。

[1] '90年代実践の共通の特徴——子どものための健康診断の実践的追究

今回リストアップした健康診断実践に見られる共通の特徴は，端的に表現して，〈子どものための健康診断の実践的追究〉ということができる。すなわち，いずれの実践も，文部省による'91～'94の健康診断方法の改訂を契機に，「子どものための健康診断はどうあるべきか？」という問いを内に含んで（その多くは，「今回の改訂は果たして子どもたちにとってこれでいいのか？」という問題意識を持って），実践的にそれを追究するという姿勢を共通に持っていることである。

その実践的な模索と追究は，実践によってその内容，力点，方向に若干の違いが見られるものの，大枠においてはその全体的特徴を次の要素に括ることができる。

その一つは，子どもの人権・健康権を大事にした健康診断を追求していることである。子どもの人権としてのプライバシーや意見表明権を大事にし，何よりも子どもの健康権を保障するために，子どもの実態（発達や健康の実態）に合った健康診断にしようとしている点が目立っている。

二つめの特徴は，子どもを主体にした健康診断を追求している点にある。子どもたちが健康診断に対する目的意識を持ち，検査や測定の意義と方法をしっかりと認識し，自ら課題を持って主体的に参加する健康診断のあり方を創造的に模索している。

三つめには，担任・養護教諭・学校医・保護者らが連携しあい，協同しあう健康診断を追求していることである。ことに，養護教諭が学級担任と連携して事前・事後の指導に取り組んだり，学校医に協力を求めて教育的な検診を実施したり，保護者とつながって健康相談や子育ての共同を組んだり，といった多様な連携を生み出しながら，みんなで進める健康診断をめざしている。

それでは以下，これら三つの特徴を末尾の資料にリストアップした具体的な実践に即して確かめることにしたい。なお，以下で各実践を紹介・引用する場合，その実践者の名を冠して呼ぶことにし，合わせて末尾のリストの通番をつけることにする。

[2] 子どもの人権・健康権を大事にした健康診断

この特徴は，その内容をさらに次の三つの要素に整理することができる。すなわち，一つは，子どもたちが健康診断を自分たちの権利として受けるようになるように，子どもたちの実態に合った健康診断の実施のしかたを追求していること，二つには子どもたちのプ

ライバシーと人権に配慮した健康診断のすすめ方を工夫していること，三つには子どもの意見表明権を大事にして，彼らの要求を組み入れた健康診断を実現しようといていることである。

①子どもたちの実態と健康・発達のニーズに合った健康診断

　子どもの健康権を保障するためには，ただ規則に定められた項目を決まったように実施するというのではなく，子どもの実態（健康や発達の実態あるいは生活や意識の実態）に合った健康診断を追求している。ことにここでは，子どもの意識や生活・健康の実態に即した実施のしかたを工夫して受診率を高めている高校の取り組みや，子どもたちの障害と健康とのニーズに合った健診方法を工夫している障害児学校の取り組みが注目される。これらの代表的な実践には，市木美知子実践（9），石田法子実践（30），広瀬和子実践（32），嶋　澄代実践（59），森尾康子実践（63），岡部初子実践（69），布川百合子実践（70）などがある。

　たとえば，広瀬実践では，定時制高校で健康診断の受診率が低いという困難を抱えるなか，歯科検診では，給食後の検診のために生徒たちが歯に食べかすの残ったまま検診を受けることになり，歯科校医からよく検診ができないとの苦情が出され，歯みがきをしてから受診するようにと要請される。そこで養護教諭は，職員会議にかけて職場で対応を話し合い，生徒たちの分の歯ブラシとコップを用意し，給食後に歯みがきをしてから受診するようにすると，生徒たちは自信を持ってしかも全員が受診したという。加えて，歯科医も検診しやすくなり，一人ひとりにコメントを入れながら検診をしてくれ，生徒たちにも好評であったという。この方式が他校にも紹介され，そこでも受診率を倍加させたことが報告されている。ちなみに，森尾実践は，この広瀬実践に示唆を得て同じように取り組んだ実践である。

　また，岡部実践でも，高校生たちの健診率を高めるためのねばり強い取り組みがなされている。経済状態に恵まれず不健康な生徒，長欠でいつ辞めるかわからない生徒，中学から健康診断を一度も受けたことがないという生徒たちが少なくない中で，「どうせ，どこも悪くないんだから健康診断なんか受けねぇよ」「虫歯！オレの勝手だろ」という生徒たちの反発にあいながらも，「健康診断は生徒の権利として全員に受けさせたい」との思いから，
○できるかぎり生徒が受けやすい，検体の出しやすい日程でスケジュールを組む
○健診で生徒が「ていねいに対応してくれている」という実感が持てるような配慮を（養護教諭自身のほか，担任や監督教師，校医などの協力を得て）する
○健診の流れを工夫して，生徒が自ずと静かに健診に向かうような雰囲気づくりをする，などに取り組んで生徒の健康診断に向かう積極的な気持ちを醸成していったという。

　さらに，布川実践では，より鋭くこのねらいに迫っている。生徒たちのおかれた厳しい現実（低学力，保護者の低い経済力，多い中退者）を背景に，毎年健康診断で重要な疾患

や異常が発見されるという実態の中で，こうした生徒の実態に合わせたていねいな健康診断を実施するとともに，その結果をもとに（工業高校）生徒たちの職業選択や生き方につなぐ指導に取り組むなど，じつにきめ細かな実践を進めている。生徒が健康診断を自分の権利と感じることができるように，生徒の実態に合わせて重点項目を選び，しかも生徒にとってより身近に感じる項目をよりていねいに実施しているという（たとえば，生活習慣から起こる病気や肥満に起因する病気が多いことから，胸囲測定，ローレル指数の割り出し，尿検査の受診率を高める工夫と努力，就職に深くかかわる色覚特性を持つ生徒の相談・フォローなど）。

　他方，石田実践や嶋実践では，障害を持った子どもたちを対象に，彼らの障害と健康状態に合わせて新たな健診の方法を考案したり，言語による認識の困難な子どもたちにスキットに参加させながら検診の意義を認識できるような指導を工夫するなど，健診に子どもを無理やり合わせるのではなく，子どもの実態に健診方法を合わせる取り組みを進めている点は，非常に優れている。

②子どものプライバシーや人権に配慮した実施方法

　これまでの効率のよいスムーズな健康診断のやり方が，ともすると子どもたちの自分のからだに対するデリケートな心情に無配慮であったり，プライバシーの侵害に無神経であったりしがちな点を反省し，子どものプライバシーや人権に配慮した実施方法の工夫がみられる。この視点は，健康診断の改訂から受けたインパクトというよりも，健康診断のあり方についての批判や「子どもの権利条約」の主旨を自覚的に受けとめた実践の中から生み出されてきたもののように思われる。

　この視点にとくに重点をおいた実践としては，斎藤章代実践（16），石川節子実践（23），吉田アイ子実践（28），花岡みどり実践（38），白澤章子実践（48,53,56），長野喜美子実践（55）などをあげることができる。

　たとえば，吉田実践は，転勤した当時の中学校では，「空き時間の先生の手を借りて，とにかくかたづけていくという感じの」無造作な身体測定を改め，生徒の気持ちをくみながら胸囲と体重の測定について個々の生徒のプライバシーが保護できる配置と測定方法に改善することによって，中学生たちに歓迎された取り組みを報告している。また，白澤実践でも，生徒たちとの話し合いをする中で胸囲測定の方法を生徒たちが納得できる方法に改善し，実施したことを報告している。

　また，斎藤実践では，内科校医や眼科校医のプライバシーに配慮したていねいな検診に学びながら，「受ける側である生徒が納得できる健康診断をめざし」て工夫と改善に努力しているという。石川節実践や花岡実践でも，インフォームド・コンセントの趣旨を大事にして再検査等についての保護者への説明と同意を得る過程をていねいに経たり，プライバシーを保護するための検診方法を工夫するなどの取り組みに力を入れている。

③子どもたちの意見や要求を聞きながら子どもたちと共に工夫する健康診断

　子どもの意見表明権を保障している「子どもの権利条約」の精神をくみ取って，健康診断に対する子どもたちの思いを受けとめ，意見や要望を聞き取りながら，子どもたちと共に健康診断を工夫している実践が出てきたことも'90年代の特徴と言える。

　前に紹介した実践やこのあと他の観点から紹介する実践にもこの精神を自覚していると思われるものが少なくないが，とくにこの点を意識して取り組んでいる実践には，斎藤章代実践（16），吉田アイ子実践（28），片野ミチ子実践（35），白澤章子実践（48,53,56），宍戸洲美実践（67），山梨八重子実践（68）などがある。

　たとえば，健康診断について生徒たちと話し合ったり，意見調査（健康診断アンケート調査）をするなどして，「生徒たちの意見を傾聴し，生徒にとっての健康診断を」工夫している斎藤実践，生徒の生活ノートに書かれていた訴えをもとに生徒たちと一緒に胸囲と体重の測定方法を工夫している吉田実践，胸囲測定に対する生徒の感想調査をもとに生徒たちと話し合い，発育期における胸囲測定の意味やプライベートゾーンについての学習を組むなど，「生徒たちと向かい合って話し合い，お互いが納得できる健康診断」を追求している白澤実践，保健委員の子どもたちと健康診断についての感想・意見調査に取り組んで，その改善・工夫に取り組んでいる宍戸実践などがある。さらに，これまでの「健康診断が子どもの思いや要求を受けとめ実現しているのか」を問い直し，「子ども自身が自分の権利として自分の成長や体の状態，働きをとらえ，どのような生活を組み立てていけばよいのかを問い直していくこと，そのためにどのような社会的援助を要求すべきかをとらえていく力を育てる出発点として，健康診断が機能しなければならない」との教育的意義づけを明確に持ちながら，生徒たちと健康診断づくりに取り組んでいる山梨実践などがある。

[3] 子どもを主体にした健康診断

　年中行事化した定期健康診断は，子どもたちにとって「ただ，受けさせられている健康診断」であったり，あたかもベルトコンベヤーに乗せられて受けている「製品検査」のようであったりしがちである。実施する養護教諭や担任の側からすれば，かなりの時間と労力を費やす行事だけに，いかに手際よくスムーズに進めるかに意が払われるのもやむを得ない面がある。しかし，それでは健康診断は子どもたちにとって「やらされているもの」「めんどうくさいもの」になってしまい，真に「子どものためのもの」にはならない。そこで，こうした子どもたちの主体性を奪っている健康診断のあり方に疑問を持ち，もっと子どもたちにとって意味あるものにしたいと考えると，子どもが健康診断に対する目的意識をもち，その意義や方法をしっかりと認識し，自ら課題を持って主体的に参加する健康診断を追求しようという自覚が生まれる。今回レヴューした自覚的な健康診断実践のほと

んどは，こうした自覚のみなぎった実践であるといえる。
　この自覚は，主として次の三つの要素の実践的工夫を生み出している。
①子どもが各検査の意味をしっかりと認識して受けることができる工夫
　子どもたちが受ける検査・測定の意味やそれらと自分の健康や生活との関連がわからないままに受けるのでは，健康診断に対する子どもたちの主体性は望めない。そこで健診に盛り込まれている検査や測定項目の一つひとつについて，その意味や目的を，子どもたちがしっかりと認識して健康診断を受けることができるような指導が必要になる。こうした指導は，健康診断の事前指導として，比較的多く見られたものであるが，近年はこの点をしっかりと意識して，「からだの学習」と結んで事前指導している実践が多く見られる。そしてその多くは学級担任を巻き込んで学級保健指導として取り組んでいる点も見逃せない。
　このような工夫は，多かれ少なかれ，どの実践にも見られるが，代表的なものとして，渡辺久美子実践(12)，片野ミチ子実践(35,50)，渋谷和子実践(18,58,66)，石田法子実践(33)，中村好子実践(49)，小西穎子実践(51)，宍戸洲美実践(67)などをあげることができる。
　たとえば，理科の「人体」の学習と関連づけながら，体重測定時に「内臓の成長」の学習を組んでいる渡辺実践，計測前のミニ指導で胸囲や視力測定の意義について学習を組んでいる中村実践，などがある。また，発育測定や視力・聴力検査に担任と一緒に取り組み，発育測定の意味とからだの発育，視力測定の意味と目のしくみと働き，聴力測定の意味と耳のしくみと働き，などの学習と組み合わせて取り組んでいる片野実践，学級担任がその気になって指導に取り組んでくれそうな楽しい学習教材を盛り込んだ「保健指導の手引」を作成して事前指導に取り組んでいる渋谷実践，聾学校で理科の教科担任や栄養士さんと共同で作り上げる「目の学習」，聴能関係の教員とで作り上げる「耳の学習」，熱心な歯科校医の助言と協力のもとに進める「歯の学習」などに取り組んでいる石田実践などは，学級担任や関係職員を巻き込んで取り組む上で示唆に富んでいる。さらに，「健康診断が受け身のものにならないようにするにはどのように展開していくかを課題」として取り組み，健診前の担任の学級指導，子どもたちへの希望調査，保護者への事前のプリント配布，健診後の子どもたちへの個別・集団指導，保護者への保健だより・懇談会・個別相談など，トータルに取り組んでいる小西実践は，これからの健康診断のあり方を示唆するとても優れた実践である。
②子どもが自分のからだについての自覚と認識を深めることができる工夫
　健康診断を通して子どもたちが自分のからだの発育や健康状態についての自覚と認識をより確かにすることは，子どもにとっての「主体的な健康診断」の核心的な要素の一つである。そればかりではなく，健診を通して自分のからだと出会い，自己のからだの変化を確かめ，自分のからだの主体となっていくために欠かせない認識（自己認識）でもある。

これらの実践がこの点を強く意識している点も共通の特徴といえる。そして、そのための工夫としては次の二つの試みが見られる。一つは、子どもが自分のからだについての疑問や質問、あるいは探求課題を持って健診に臨めるような工夫をしていることである。これには、北口和美実践（25）、渋谷和子実践（18,58,66）、河田史宝実践（37）、小西穎子実践（51）、宍戸洲美実践（67）などがある。いま一つは、受診後に自分の身体発達や健康の状態を実感したり、確かめることができるような工夫をしているものである。森田恵子実践（2）、伊藤敏子実践（11）、細川禎子実践（17）、渋谷和子実践（18,58,66）、斉藤小百合実践（31）、松谷初代実践（34）、林秀子実践（57）、宍戸洲美実践（67）、山梨八重子実践（68）などがその事例である。

　たとえば、前者では、生徒個々に記入した問診票を持って内科校医の検診を受け、医師から質問されたり、生徒から質問したりできる検診を進めている北口実践、検診前に校医さんから直に検診の意味についての説明を受け、検診中や検診後には子どもからの質問にも答えるという「医師の教育参加」に取り組んでいる渋谷実践、「My Health」という健康ノートを事前に配布し、生徒が検診前に自分で観察したり、気になることを当日校医さんに質問できるようにしている河田実践、同じく検診時に子どもたちがそれぞれに校医さんに質問や相談ができるようにしている小西実践、事前に子どもたちが日頃のからだの様子や気になることを書き込んだ「保健調査カード」を持ち、それを校医さんに見せながら検診を受け、校医さんの言葉かけや子どもからの質問に答える中で、子どもたちが安心して、校医さんと向き合いながら検診を受けることができるように仕立てている宍戸実践などである。これらの取り組みの中でとくに印象深いのは、当初消極的であった校医さん自身が取り組みの中で一様に変化し、むしろ校医さんのほうが熱心に対応するようになったという点である。

　後者では、身長・体重測定で自分がどれだけ伸びた・増えたかが実感できるように、伸びた分の長さのテープを記録に貼ったり、増えた分の重さの砂・塩人形で確かめたりする工夫（細川実践、渋谷実践）、検診結果を自分の健康カードに書き込みながら自ら確かめる工夫（森田実践、伊藤実践、斉藤実践、河田実践）、デンタルマップに歯科検診の結果をもとに自分の歯の状態を記入して確かめる工夫（細川実践、渋谷実践、宍戸実践）、健診後に養護教諭が個別面談をして子どもと一緒に発育状態や健康状態を確かめる取り組み（松谷実践、林実践、山梨実践）などがある。

③子どもたちの意見や要求を組み入れ、子どもたちが運営に参加する健康診断

　子どもたちの健康診断に対する意見や要望を聞き、可能なかぎりそれらを取り入れながら実施している実践、さらにそうした要求をもとに、保健委員の子どもたちと一緒に健康診断をどう工夫すればいいかを考えるというふうに、子ども参加型の（従来の「お手伝い型」とは異なる）健康診断を追求している実践も見られる。これらは明らかに「子どもの

権利条約」の精神を忠実に健康診断実践に取り込んだものということができる。
　前者の，要求・意見の汲み取り型（間接参加型）の実践は，前に紹介したような実践（斎藤章代実践，吉田アイ子実践，片野ミチ子実践，白澤章子実践）があるが，後者の保健委員の子どもたちが参加する健康診断づくりには，森田恵子実践（2），岡多枝子実践（36），奈良靖子実践（54），宍戸洲美実践（67），山梨八重子実践（68）などがある。
　たとえば，森田実践では，保健委員の子どもたちが中心になり，放送を通じて歯科検診結果の自己記録に全校一斉に取り組んでいる。岡実践では，保健委員の生徒が歯についての学習に取り組んだ上で「歯のインストラクター」になってクラスの生徒たちと歯の大切さについてフリートーキングする取り組みを進めている。奈良実践では，春の健康診断とは別に保健委員の生徒たちがいろいろ工夫しながら視力測定に取り組み，その結果をもとに机と椅子の適合性を図っている。また，宍戸実践では保健委員の子どもたちと健康診断アンケート調査に取り組み，健康診断の進め方を工夫している。さらに山梨実践では，生徒たちの要求や意見をふまえて保健委員の生徒たちと一緒に健康診断の改善に取り組んでもいる。

[4] 子どもたちのために養護教諭・担任・学校医・保護者らが連携しあう健康診断

　健康診断は，従来，養護教諭が一人奔走し，孤軍奮闘して進められるのが一般的であり，今もなおそれが大勢を占めているといっても過言ではない。しかしながら，この'90年代の自覚的実践は子どものための健康診断を追求するという強い問題意識から，そのための連携を多様に生み出しているのも大きな特徴と言える。一つには，学級担任を巻き込み，学担による事前学級指導や学担との共同での測定と事後指導などに取り組む実践，二つには，先に何度かふれたように，学校医を説得して理解と協力を得，校医の教育的参加（個々の子どもへのていねいな検診と説明・事後の健康相談への対応など）を生み出している実践，三つには，保護者への単なる治療勧告にとどめず，保護者をまじえて事後の健康相談，家庭訪問による子育て懇談，保護者の意見・希望調査など，保護者との連携を強めている実践，などがあげられる。

①職場の教師集団での話し合いと担任との連携に基づいて進める健康診断
　子どもにとっての主体的な健康診断を進めるには，職場の教師集団の理解と共同が不可欠である。ことに学級担任との連携がその成否を決めるといっても過言ではない。また，'90年代初頭の健康診断の法改正は，その実施方法をめぐっての職場での話し合いと合意をことさら必要とする。こうした自覚が高まったせいか，意識的に教師集団での話し合いをもったり，学級担任との連携を強めている実践が少なくない。

職場の教師集団で意識的に話し合いを持って取り組んでいる実践としては，松谷初代実践（34），林秀子実践（57），勝部由美子実践（61），宍戸洲美実践（67）があり，後者には，所朱美実践（1），岡部初子実践（13,69），伊藤悦子実践（15），渋谷和子実践（18,58,66），片野ミチ子実践（29,35），小西穎子実践（51）などがあげられる。

　たとえば，松谷実践では，年度当初の職員会議で，昨年度の健康診断結果のまとめをもとに子どもたちの健康実態に合った「本校の定期健康診断の実施」方法を提案し，会議での他の教員からの意見をふまえて，養護教諭による個別面談を組み込んだ身体測定を実施している。林実践では，高校生にとっての胸囲測定の意義について職員保健部と職員会議での話し合いを通してその必要性が確認され，実施することになったいきさつが報告されている。勝部実践でも，健康診断結果から最近の子どもたちの身体発達や健康状態の特徴について，教職員や父母にていねいに報告し，健康診断を通して子どものからだと健康の実態をとらえていくことの重要さを確認する取り組みを進めている。

　健康診断を実施する場合，学級担任との連携は多かれ少なかれ不可欠であるが，事前・事後の指導を含めてより意識的に学級担任との連携を組んでいるのが先にあげた実践である。たとえば，事前と事後に豊富な指導資料を担任に提供して学級指導に取り組んでもらう所実践や伊藤実践，一人ひとりの健康診断結果を担任に知らせて学級での生活指導に生かしてもらっている岡部実践，「学級担任に主体的にかかわってほしい」と考えて，担任が指導したくなるような「保健指導の手引」を作成し，それをもとに各担任の個性的な学級指導を引き出している渋谷実践，各担任と共同で身体計測や視力測定に取り組み，「からだの学習」と測定とをセットにして取り組んでいる片野実践などである。

②学校医と連携・共同して取り組む検診

　健康診断を子どもたちにとって能動的で主体的なものにするには，健診項目のなかでも医師がかかわる検診を子どもたちにとっていかに意味あるものにするかが鍵になる。そのためには学校医の理解と協力が決定的に重要となるが，昔から健康診断全体における学校医の存在と役割は大きく，学校医が協力的で熱心であるか否かが健康診断の充実度を大きく左右してきた。最近ではさらに，これまでに取り上げたいくつかの実践に見られるように，学校医が健康診断の教育的展開に理解があり，協力的か否かが重要な要素になっている。

　今回レヴューした実践の中には学校医との連携・共同を追求したものが少なくないが，かなり意識的に学校医に働きかけて協力を得た実践には，尾内雅子実践(10)，斎藤章代実践（16），渋谷和子実践（18,58,66），北口和美実践（25），熊沢富美江実践（26），河田史宝実践（37），大木悦子実践（46），小西穎子実践（51），林秀子実践（57），宍戸洲美実践（67），岡部初子実践（69）などがある。

　これらのうち，健康診断後にフォロー対象者に校医による健康相談を年間を通じて組み

入れている尾内実践，子どもたちからの質問や校医からの質問を内科検診に組み入れている北口実践・小西実践，一人ひとりに時間をかけてていねいな検診をしている斎藤実践・熊沢実践・河田実践・大木実践・林実践，校医からの検診についての説明や子どもたちからの質問にていねいに答え，教育的な検診を生み出している渋谷実践・宍戸実践・岡部実践などがあげられる。

なお，これらの意欲的な実践には，いずれも個々の子どもたちの検診に時間をかけてていねいに進めているところに共通の特徴があり，従来の「効率的な集団健診」としての性格（今回の改訂健康診断のスクリーニングとしての性格づけも同様であるが）から脱皮しつつある点が注目される。

③保護者との新たな連携を図る健康診断

学校健康診断は，従来より，「健診結果のお知らせ」や「治療勧告」を媒介にして，保護者とのつながりは不可欠であった。しかし，それはともすると形式化したつながりであったり，時には学校側からの高圧的なつながりであったりもした。ところが，これらの自覚的な実践は，その関係を変えて新たなかたちでの連携を生み出しつつあるといえる。

たとえば，子どもにダメージを与えないような「要精検のお知らせ」の文面や渡し方の工夫，治療勧告や要精検のお知らせの前に「健康相談のお知らせ」を出すなど，事務的・管理的な「治療勧告」から脱皮しようとする工夫，保護者をまじえた事後の健康相談を組み込んでいる取り組み，保護者の意見や希望調査をして要望に応える努力，家庭訪問による子育て懇談やPTAと連携した取り組みなどである。

これらには，治療勧告の改善・工夫に取り組んでいる川上スミ実践（7）や高萩八重子実践（8），保護者をまじえた健康相談に取り組んでいる高萩八重子実践（8），市木美知子実践（9），尾内雅子実践（10）などがある。また，保護者の意見・希望調査をもとに改善を試みている宍戸洲美実践(67)，さらに，家庭訪問をして健診結果をもとに父母と懇談をしている渋谷和子実践（58,66），保護者との懇談会や個別面談に取り組んでいる小西穎子実践(51)，保護者対象の子どものからだアンケートや父母との教育懇談会で交流を図っている勝部由美子実践（61）などがある。

以上，'90年代の健康診断の実践動向からその特徴をとらえたが，これらを健康診断のすすめ方の要点として改めて整理すると，次の4点にまとめることができる。

①子どもたちを単に規則に定められた健康診断の内容と方法にあてはめるのではなく，子どもたちのからだや健康の実態，生活や意識の実態に合った内容と方法を，柔軟に工夫して実施する。
②健康診断は子どもにとってもっともプライベートな部分に立ち入る検査だけに，子ども

の人権やプライバシーには十分に配慮した実施のしかたを心がける。
③子どもが，ベルトコンベヤーに乗せられた製品のように，ただ受動的に検査を受けるのではなく，主体的に受診に向かうような健康診断に仕立てる。
④養護教諭，学級担任，校医，保護者らが連携し，協同して，事前・実施・事後の一連の取り組みを編み上げる。

　これらの視点と方法を組み込んだ健康診断の実践像が，これからの学校健康診断のあり方をさし示していると言える。そのための条件整備と財政的裏付けが必要なことは言うまでもない。

1990年代の健康診断実践

番号	報告年	実践報告者	実践報告タイトル	実践の概要	校種別	発表の場（掲載誌）
1	1989.8	所　朱実	自分のからだをよく知ろう	する側にとっての健康診断からこどもにとっての健康診断へ作り替える取り組み（事前・事後の指導＝検査のねらい・意義についての指導，担任・保護者・地域の人たちとの連携）。	小学	『保健室』1989.8 No24特集「健康診断にとりくむ」
2	1989.8	森田恵子	歯科検査票の自己記録にとりくんで	「自分の歯の状態をはっきり生徒に知らせなければ」と考えて，保健委員会の生徒と取り組んだ実践（歯科検診の結果を記録票に書き込む作業を通して自分の歯の状態を認識する）。	中学	『保健室』1989.8 No24特集「健康診断にとりくむ」
3	1989.8	河村　薫	肥満指導にとりくんで	健康診断後に肥満度を計算し，肥満傾向の子どもに事後指導として「すくすく学習会」に取り組む。	小学	『保健室』1989.8 No24特集「健康診断にとりくむ」
4	1989.8	奈良靖子	健康診断を教育活動に――からだと生活をみつめ，生活づくりにとりくむ	健康診断の事後指導で，全校生徒がそれぞれに自分なりの生活づくりに取り組む（担任と保護者を巻き込んだ取り組み）。	中学	『保健室』1989.8 No24特集「健康診断にとりくむ」
5	1992.6	北海道・葉の会	からだを見つめる健康診断	健康診断を通して子どもたちがからだについての認識を高め，自分のからだと生活を見つめるように取り組んだ実践（事前指導，検査時の指導，検査結果の教材化等）。	小学	『保健室』1989.8 No24特集「健康診断にとりくむ」
6	1992.6	中尾こう	小児成人病予防検診に取り組んで	多摩市の政策実施を受けて，市の養護教諭集団が学習会や市教委との話し合いをすすめ，検診と事前・事後の指導に取り組んだ実践。	小・中	『保健室』1989.8 No24特集「健康診断にとりくむ」
7	1993.6	川上スミ	「治療のすすめ」がダメージを与えるものにならないように	管理的・押しつけでない「治療勧告」の工夫と家庭と連携した事後指導の工夫。	小学	『健』1936.6 Vol.22-3 特集「健康診断の事後措置そのものを見直すときじゃないでしょうか」
8	1993.6	高萩八重子	結果通知には3つの方法，3つのプリントを使っています	歯の検診時に事後指導しながら「治療勧告書」を本人に渡し，アレルギーなどは「検診結果のお知らせ」で，心電図・尿・貧血等の場合は「健康相談のお知らせ」を出すなどの工夫。	中学	『健』1936.6 Vol.22-3 特集「健康診断の事後措置そのものを見直すときじゃないでしょうか」
9	1993.6	市木美知子	まず，受診しない理由を知ること。それから，事情にあわせた対応を	治療を呼びかけても受診しない子には，担任に連絡をとりながら保護者との懇談を行ったり，健康相談をして，個別の事情に応じて取り組む。	小学	『健』1936.6 Vol.22-3 特集「健康診断の事後措置そのものを見直すときじゃないでしょうか」
10	1993.6	尾内雅子	校医と連携して継続観察の充実を。健康診断はそのスタートです	健康診断後の月1回の校医による健康相談とその後の継続観察に取り組んでいる実践。	中学	『健』1936.6 Vol.22-3 特集「健康診断の事後措置そのものを見直すときじゃないでしょうか」
11	1993.6	伊藤敏子	学校は，病気の知識を与えるところまで。あとは本人に任せます	「健康診断を主体的に受け，さらに『健康を自ら学ぶ』生徒を育成する場という視点で取り組んでいる」実践（検診結果の自己記入，未治療の生徒たちへの保健指導と個別指導）。	中学	『健』1936.6 Vol.22-3 特集「健康診断の事後措置そのものを見直すときじゃないでしょうか」
12	1993.6	渡辺久美子	理科では「人のからだ」。そこで健診期間中には「内臓の成長」を	健康診断の事前・事後指導を教科の理科（人の体）の学習と関連づけながら「内臓とその発達」の学習を組む。	小学	『健』1936.6 Vol.22-3 特集「健康診断の事後措置そのものを見直すときじゃないでしょうか」
13	1993.6	岡部初子	「ここまでは把握してください」先生たちの理解を求めるために	健康診断データを，先生たちの教育活動に生かせる健康情報として伝える工夫。検診結果をもとに気になる生徒に声をかける。	高校	『健』1936.6 Vol.22-3 特集「健康診断の事後措置そのものを見直すときじゃないでしょうか」
14	1994.4	大江典子	健診データ，個別指導，集団指導を密に絡ませる	市の「小児成人病予防推進委員会」による検討のもとに実施している検診の取り組み。肥満児童を対象にした小集団指導と保護者を伴った個別指導の取り組み。	小学	『健』1994.4 Vol.23-1 特集「健康診断の見直しは必要――だからどうする？」
15	1994.4	伊藤悦子	子どもの，視力に対する関心を，確実に高めます	「370方式」を取り入れ，1次と2次の検査を行い，2次検査の対象者への保健指導（目の構造と仕組み，視力低下の原因・視力の守り方など）と要請検者への個別指導の取り組み。	中学	『健』1994.4 Vol.23-1 特集「健康診断の見直しは必要――だからどうする？」
16	1994.4	斉藤章代	校医の先生方から学んだのは生徒の気持ちを第一にすること	生徒の意見を聞いて従来の健康診断のやり方を反省し，内科校医や眼科校医のプライバシーに配慮した丁寧な検診に学びながら「受ける側である生徒の納得いく」検診に取り組んでいる。	中学	『健』1994.4 Vol.23-1 特集「健康診断の見直しは必要――だからどうする？」
17	1994.4	細川禎子	子どもの実感を大切にして，「自分のからだや成長を知る」健康診断に	健康診断の事前・実施・事後にそれぞれ自分のからだやその成長が実感できるような指導（さまざまな工夫）を組み込んだ実践。	小学	『健』1994.4 Vol.23-1 特集「健康診断の見直しは必要――だからどうする？」
18	1994.11	渋谷和子	教育としての健康診断を求めて	・子どもを健康診断の主体に，・担任と一緒に進める，・深く学べる機会に，・医師に教育サイドに立ってもらう，・結果を健康づくりに生かす，などの観点から工夫した健康診断実践。	小学	1994.11 日本学校保健学会・自主シンポ「今あらためて健康診断の意義を問う」での報告資料
19	1995.1	平岩康子	教育としての健康診断をめざして	宝塚教祖の養護教諭集団による「健康診断検討委員会」の活動の様子についての報告。	小・中	全教・教育研究全国集会（1995.1）の体育・健康教育分科会レポート

20	1995.4	石川節子	3指標の判定，矯正視力のみの測定はすでに実施して，好感触を得ています	視力検査の「370方式」と眼鏡使用者の裸眼視力測定の省略に賛成する立場からの発言。	小学	『健』1995.4Vol.24-1「健康診断――私たちはこう考え，子どもたちへはこう返していきます」
21	1995.4	林 典子	改正のポイントは，健康診断を健康教育へと発展させることと考えます	健康診断の結果をもとに，集団指導や個別指導をとおして健康教育を展開する必要を強調する発言。	中学	『健』1995.4Vol.24-1「健康診断――私たちはこう考え，子どもたちへはこう返していきます」
22	1995.4	飯田由美子	胸囲の数値から，立体的な〝からだ〟の学習を導くために，私は続けます	胸囲測定，眼鏡利用者の裸眼視力測定の省略，歯科検診の簡略化に「子どもたちと発育の喜びを立体的に感じとれる健康診断」にと主張。	小学	『健』1995.4Vol.24-1「健康診断――私たちはこう考え，子どもたちへはこう返していきます」
23	1995.4	石川節子	健康診断に，インフォームドコンセントがとりいれられたことを，大事にしたい	インフォームドコンセントの趣旨を大事にし，再検への保護者の同意，治療勧告文と返信票の見直し，プライバシーの保護などを重視して実施したいと主張。	小学	『健』1995.4Vol.24-1「健康診断――私たちはこう考え，子どもたちへはこう返していきます」
24	1995.4	岩見勝代	子どもたちに必要なのは，0.1きざみの測定よりも，「実感」できる指導です	「測定方法云々よりも子どもたちにどう実感させるか」を大切にしたいと主張。	小学	『健』1995.4Vol.24-1「健康診断――私たちはこう考え，子どもたちへはこう返していきます」
25	1995.4	北口和美	内科検診の「問診」の場を活用し，心のケアを重視しています	内科検診を総合的な健康管理・健康教育の機会としてとらえ，個人票には「心の健康」の項目を設けている。	高校	『健』1995.4Vol.24-1「健康診断――私たちはこう考え，子どもたちへはこう返していきます」
26	1995.4	熊沢富美江	自分の口の中を見つめてみよう――歯科検診を考える	一人ひとりの歯科検診結果に養護教諭が一言づつメッセージを書き込み，全員の口腔写真をとって歯肉炎を確かめさせ，8名の歯科検診団で丁寧に進められる健診の取り組み。	中学	『保健室』1995.4№56特集「いまこそいいたい健康診断――子どもにとって必要な検診は？」
27	1995.4	平井みどり	歯科健診から広がる健康教育	市の養護教諭会が歯科検診の後，治療を受けた子自身が治療の報告書を書くための工夫，家庭への働きかけ，保健所との懇談などに取り組む。	小学	『保健室』1995.4№56特集「いまこそいいたい健康診断――子どもにとって必要な検診は？」
28	1995.4	吉田アイ子	子どもにとって必要な健康診断とは	生徒と話し合いながら身体測定（体重・胸囲）の方法を工夫している取り組み。視力測定・歯科検診の簡略化によって自己の身体認識を育てる機会が無くなることへの懸念の表明。	中学	『保健室』1995.4№56特集「いまこそいいたい健康診断――子どもにとって必要な検診は？」
29	1995.4	片野ミチ子	私に考える健康診断――胸囲を中心に	健診の前に検査の意味，からだのしくみなどの指導に取り組み，胸囲測定をしながら一人ひとりの体の様子も観察している取り組み。	小学	『保健室』1995.4№56特集「いまこそいいたい健康診断――子どもにとって必要な検診は？」
30	1995.4	平岩康子	教育としての健康診断をめざして――内科検診にどう取り組んだか	この20年，市の健康診断検討委員会（養護教諭研修会，医師会，市教委などで構成）で健康診断の改善に取り組んできている様子の報告。	小・中	『保健室』1995.4№56特集「いまこそいいたい健康診断――子どもにとって必要な検診は？」
31	1995.7	斉藤早百合	子どもたちに健康診断の認識を育てる「健康記録」づくりと活用のとりくみ	自分の健康診断結果を「健康の記録」に書かせ，養護教諭から「成長へのメッセージ」を書き込む取り組みを通して，子どもたちに自分の健康を認識させようとする実践。	中学	全教・養護教員部夏の学習会（1995.7）での報告資料
32	1995.7	広瀬和子	健康診断へのとりくみ――定時制の健康診断から	定時制高校での受診率を高める工夫，学校側で歯ブラシを用意し，歯科検診前に歯を磨いて受診するようにしたところ，生徒は自信をもって受診するようになり，受診率も高まった。	高校	全教・養護教員部夏の学習会（1995.7）での報告資料
33	1995.7	石田法子	健康診断を考える――子どもの学習権・発達権を保障する健康診断	聾学校で，健康診断を『からだの学習』の中心に据え，「からだの探検カード」を用いて，「歯の学習」「目の学習」「耳の学習」などに取り組んでいる実践。	聾学校	全教・養護教員部夏の学習会（1995.7）での報告資料
34	1995.8	松谷初代	健康診断は自分のからだを知るチャンス――子どもが自分のからだのことがわかり，自分のからだが好きになる健康診断	健康実態がつかめる健診という趣旨から従来どおりの視力検査・跳梁検査では個別指導を入れる。体位測定の後，全員（605名）を対象に養護教諭による個別指導を取り組む。	小学	全国・養護教諭サークル研究集会（1995.8）レポート集
35	1995.8	片野ミチ子	子どもの実態から健康診断を考える	検査の意義や目的がわかって受けるように事前指導を重視する。からだや健康のためにどんな生活が必要であるかを知るきっかけにする。担任と養護教諭で子どもたちと話し合いながら丁寧に取り組む。	小学	全国・養護教諭サークル研究集会（1995.8）レポート集
36	1996.1	岡 多枝子	自由参加のフリートーキングで歯の大切さを考えよう	保健委員の生徒が歯について学習をした上で，「歯のインストラクター」になってクラスの生徒たちとフリートーキングし，歯の大切さやう歯予防の大切さを認識するという取り組み。	中学	『健』1996.1№24-10特集「去年の健康診断の改正は，ここはよくてここに困った」
37	1996.1	河田史宝	「My Health」で学校医のアドバイスを	法改正を受けて，学校医と綿密な打ち合わせをして取り組んだ。「My Health」という健康ノートに健診結果を丁寧に記入する方法を取り入れた実践。	中学	『健』1996.1№24-10特集「去年の健康診断の改正は，ここはよくてここに困った」

38	1996.1	花岡みどり	保健室には健康の自己管理に役立つ情報や資料がいっぱいあります	今回の改定を「健康診断が集団管理型から自己管理型へ、プライバシーへの配慮」が要点であるととらえ、プライバシーが保護できる実施方法、事後指導の充実、自己管理していくための情報提供に重点を置いて取り組んでいる実践。	中学	『健』1996.1№24-10特集「去年の健康診断の改正は、ここはよくてここに困った」
39	1996.1	垣内美栄子	全体の子どもたちの姿を見落とさないために「心の問題」も項目に加えました	通常の健康診断に加えて、心の問題のスクリーニングとして1年生全員の心理テスト（YG，クレペリン，バウム）を取り入れた取り組み。	高校	『健』1996.1№24-10特集「去年の健康診断の改正は、ここはよくてここに困った」
40	1996.1	明瀬好子	自助共助の視点を向ければ、必要な項目は自然に見えてきます	胸囲測定，色覚検査，眼鏡装着者の裸眼視力測定を削除して実施。セルフケアができる能力をそだてるための健康診断にとの主張。	中学	『健』1996.1№24-10特集「去年の健康診断の改正は、ここはよくてここに困った」
41	1996.1	北海道養護教諭	子どもの健康状態を知り、指導に生かす上で必要、という意見が担任からも出ました	新年度の職員会議で話し合いをして、子どもの健康と発育状態を見る上で、従来の方法が必要という結論になり、胸囲、色覚検査、視力測定などを従来どおり実施した実践。	小学	『健』1996.1№24-10特集「去年の健康診断の改正は、ここはよくてここに困った」
42	1996.1	与謝教組養護教員部	子どもの権利を守る教育としての健康診断をめざして——健康診断アンケート結果から	健康診断の検査・測定項目の実施状態、事後指導や保健指導の工夫などの実態調査結果。	小・中	全教・教育研究全国集会（1996.1)の体育・健康教育分科会レポート
43	1996.1	佐藤美千子	子どもの健やかな成長と発達のために——学校の主体的な健康診断の創造に向けて	健康診断改訂の問題点についての検討，道高教組・養護教員部の行った健康診断に関するアンケート調査の結果	高校	全教・教育研究全国集会（1996.1)の体育・健康教育分科会レポート
44	1996.1	本山賀代	発育測定「胸囲」にこだわってみて	胸囲測定で、息の最大吸入時の胸囲を測定してその差をみるという測定法に取り組んだ実践。	小学	全教・教育研究全国集会（1996.1)の体育・健康教育分科会レポート
45	1996.1	下田昭子	教育としての健康診断をめざして	市の健康診断検討委員会（市教委，医師会，歯科医師会，養護教諭，校長）での検討の様子と実践例の紹介。	小学	全教・教育研究全国集会（1996.1)の体育・健康教育分科会レポート
46	1996.1	大木悦子	健康診断の一考察——側わん症発見と保健指導について	整形外科校医の協力で、健康診断時に側わん症についての外科検診に（諏訪市3高校で）取り組んでいる実践。	高校	全教・教育研究全国集会（1996.1)の体育・健康教育分科会レポート
47	1996.1	奈良靖子	工夫いろいろ健康診断	春の健康診断とは別に、秋にも保健委員会の活動として、委員会の生徒たちが工夫しながら視力検査に取り組み、その検査結果を生かして机・椅子の適合調査などに取り組んでいる実践。	中学	全教・教育研究全国集会（1996.1)の体育・健康教育分科会レポート
48	1996.1	白澤章子	身体観を育てる健康診断——本当に胸囲測定をやめてしまってよいのか	研修会で発達期の子どもたちの胸囲測定の意義を学び、胸囲測定について生徒たちの意見を聞くと共に、その意義を伝えながら測定に取り組む。	中学	全教・教育研究全国集会（1996.1)の体育・健康教育分科会レポート
49	1996.2	中村好子	これでいいのか、改訂健康診断	今回の改訂を機に、改めて胸囲や視力の測定の意義についてミニ指導に取り組みながら、健康診断を「からだの学習」機会に仕立てている実践。	小学	『私たちのめざす健康診断（実践編)』1996.2　全日本教職員組合養護教員部
50	1996.2	片野ミチ子	からだを学ぶ健康診断	発育測定、視力・聴力検査を担任と一緒に取り組み、発育測定の意味とからだの発育、視力測定の意味と目のしくみと働き、聴力測定と耳のしくみと働き、などについての学習を組み合わせて取り組んでいる実践。	小学	『私たちのめざす健康診断（実践編)』1996.2　全日本教職員組合養護教員部
51	1996.2	小西穎子	教育としての健康診断	子どもが受け身にならない工夫（検診の意義についての事前指導，自分のどこを見てもらいたいかのアンケート調査，教師や保護者への説明等）、検診時の子どもからの質問・相談，検査結果の活用（個別指導，担任へ，保護者との懇談）などの取り組み。	小学	『私たちのめざす健康診断（実践編)』1996.2　全日本教職員組合養護教員部
52	1996.2	本山賀代	発育測定「胸囲」にこだわってみて（№44と同内容）	胸囲測定で、息の最大吸入時と最大排出時の胸囲を測定してその差をみるという測定法に取り組んだ実践。	小学	『私たちのめざす健康診断（実践編)』1996.2　全日本教職員組合養護教員部
53	1996.2	白澤章子	身体観を育てる健康診断——本当に胸囲測定をやめてしまってよいのか（№48と同内容）	研修会で発達期の子どもたちの胸囲測定の意義を学び、胸囲測定について生徒たちの意見を聞くと共に、その意義を伝えながら測定に取り組む。	中学	『私たちのめざす健康診断（実践編)』1996.2　全日本教職員組合養護教員部
54	1996.2	奈良靖子	結果を生かす健康診断（№47とほぼ同内容）	春の健康診断とは別に、秋にも保健委員会の活動として委員会の生徒たちが工夫しながら視力検査に取り組み、その検査結果を生かして机・椅子の適合調査などに取り組んだ実践。	中学	『私たちのめざす健康診断（実践編)』1996.2　全日本教職員組合養護教員部
55	1996.2	長野喜美子	定期健康診断　1995年度のまとめ	女子生徒の胸囲・体重測定を個別に実施、歯科検診を5日間にふやして丁寧に実施、視力の0.7以下の生徒に追検査の実施、歯科検診後の健康指導などに取り組んだ実践。	高校	『私たちのめざす健康診断（実践編)』1996.2　全日本教職員組合養護教員部

56	1996.4	白澤章子	身体観を育てる健康診断——本当に胸囲測定をやめてしまってよいのか（№48と同内容）	研修会で発達期の子どもたちの胸囲測定の意義を学び、胸囲測定について生徒たちの意見を聞くと共に、その意義を伝えながら測定に取り組む。	中学	『保健室』1996.4№62特集「健康診断を創る」
57	1996.4	林　秀子	生徒のための健康診断——胸囲にこだわって	校医の協力で生徒一人ひとりに丁寧な検診、発達状態をみる項目として胸囲は必要と保健部で話し合い、胸囲測定を実施。生徒の比胸囲をみるなどして個別指導にも取り組む。	高校	『保健室』1996.4№62特集「健康診断を創る」
58	1996.4	渋谷和子	健康診断元年——自分の学校の健康診断を創ろう	脱「学校健康診断制度」論や健康診断不要論への疑問、学級担任の主体的なかかわり、子どもを主体的に健康診断に臨ませたい、発見のある学習機会に、医師に教育サイドに立ってもらう、結果から事実を見つめさせる、家庭訪問で保護者と子育てについて話し合う、などに取り組む。	小学	『保健室』1996.4№62特集「健康診断を創る」
59	1996.4	嶋　澄代	障害児学校における健康診断——生きる権利と全面発達をどう保障するか	子どもたちの障害や健康、認識の実態に合わせて工夫した健診、障害を持つ子供たちの健康権保障を大事にした取り組み。	養護	『保健室』1996.4№62特集「健康診断を創る」
60	1996.7	林　秀子	健康診断の改定に悩んで——生徒のための健康診断にするために	今回の改定が改めて健康診断の意義と生徒のための健康診断のあり方を深く考える機会になり、「健康の記録」の活用、保健部での話し合いによる胸囲測定の実施、全校一斉の放送による事後指導などに取り組んだ実践。	高校	全教・養護教員部夏の学習会(1996.7) 報告資料
61	1996.7	勝部由美子	健康診断から見える子どものからだ	改訂後2年目、健康診断の結果から子どものからだの実態を改めてとらえ直し、それを教職員と保護者に返して、からだ・健康づくりの具体的目標をつくり取り組んでいる実践。	小学	全教・養護教員部夏の学習会(1996.7) 報告資料
62	1996.7	佐々木弘子	改訂健康診断をどう考えるか	養護教諭集団が区内の健康診断の実施状況を調査し、「何のために、誰のためにするのか、子どもが主人公になる健康診断」を改めて考える。	小・中	全教・養護教員部夏の学習会(1996.7) 報告資料
63	1997.8	森尾康子	定時制高校における健康診断	定時制高校で歯科検診・治療の向上、検尿提出100％をめざしてねばり強く取り組んだ実践。	高校	全国養護教諭サークル研究集会(1997.8) レポート集
64	1998.1	山崎須美代	健康・発達を保障する健康診断	胸囲測定を実施して比胸囲を算出し、るいそうの生徒への健康相談・指導に取り組んでいる。	中学	全教・教育研究全国集会(1998.1) の報告資料
65	1998.1	三村祐子	健康診断について	赴任して間もない若い養護教諭が、健康診断を学校で実施する意味を問いながら、子どもにとって必要な健康診断のあり方を模索している。	小学	全教・教育研究全国集会(1998.1) の報告資料
66	1999.3	渋谷和子	健康診断の方向を探る——子育てと教育をつなぐもの	学級担任による事後の保健指導、学校医による検査時の説明と個々の質問への回答、子どもの意見や希望を取り入れた実施方法の工夫、結果をもって家庭訪問し、父母とも懇談などの取り組み。	小学	日本教育保健研究会（1999.3）共同研究「健康診断に関する研究」最終報告書
67	1999.3	宍戸洲美	子どもや保護者を巻き込んだ健康診断づくりを考える	校医さんに質問して答えてもらう、デンタルマップの作成、受診前に検査項目に関わる生活のチェック、事後の集団健康指導、実施後に子どもや保護者の意見や希望を聞く取り組みなど。	小学	日本教育保健研究会（1999.3）共同研究「健康診断に関する研究」最終報告書
68	1999.3	山梨八重子	学校で実施する健康診断の教育的意味とその可能性——「健康評価」を組み込んだ健康診断の取り組み	生徒たちの要求を取り入れて実施方法を改善。生活感覚や身体感覚をつないで検査結果を認識する工夫。健康診断後に、個々の生徒の健康・発育状態を総合的に評価する個別の面接に取り組む。	中学	日本教育保健研究会（1999.3）共同研究「健康診断に関する研究」最終報告書
69	1999.3	岡部初子	ていねいに実施していく健康診断へ、トータルにケアする健康診断へ	生徒たちの意識と生活の実態に即して実施の仕方を工夫。生徒が「ていねいに対応されている」と実感できるような配慮。歯科校医の協力による歯科検診の充実。健康診断結果を担任に知らせて生活のトータルなケアなど。	高校	日本教育保健研究会（1999.3）共同研究「健康診断に関する研究」最終報告書
70	1999.3	布川百合子	生徒が生きていくために得となる健康診断の模索	生徒たちの健康と生活の実態に即した健康診断の工夫。健康診断を受けることが自分の権利だと思えるような指導と工夫。進路選択と結んだ事後指導や就職活動への援助など。	高校	日本教育保健研究会（1999.3）共同研究「健康診断に関する研究」最終報告書

4

戦後学校健康診断の歩みと
その性格

4 戦後学校健康診断の歩みとその性格
健康診断調査研究委員会における検討過程を中心に

佐藤　理

[1] 戦後の学校健康診断の歩み(付表「戦後学校健康診断の歩み年表」(P.156)を参照)

(1)「身体検査」から「健康診断」へ

　戦後の学校保健制度は，学校教育法や身体検査規定，文部省省令等があった程度であった。学校教育法第12条で，「学校においては，学生，生徒，児童および幼児並びに職員の健康増進を図るため，身体検査を行い，および適当な衛生養護の施設を設けなければならない」とされ，これが身体検査の法的根拠となった。

　昭和24年，「学校身体検査規定」が改正された。検査内容は，戦時体制下で簡略化されたものを，従前の検査項目へと復帰させたものであった。表1「健康診断項目の変遷」にみられるように，名称も「身体検査」であった。

　昭和33年，それまでの「学校伝染病予防規定」(大正13年)，「学校歯科医職務規程」(昭和7年)，「学校医職務規程」(昭和7年)，「学校身体検査規程」(昭和24年)，「学校清潔法」(昭和23年)が一本の法にまとめられ，「学校保健法」，「同施行令」，「同施行規則」として公布され，学校保健に関する法的体系が整備された。

　この中で，過去61年続いた「身体検査」が「健康診断」と改称された。従来の身体検査という用語が，体格検査的な印象を与えるという反省から，健康診断として，形態面とともに，「ひろく健康状態の評価を目的」とするためであるとされる。健康診断の結果に基づいて，疾病の予防，治療の指示，運動および作業の軽減など適切な処置をしたり，事後措置の一つとして健康相談を行うなど，教育的措置，医療的措置の両面から，学校における健康診断の体系が整備されることになる。

　検査項目については大きな変化はみられなかったが，聴力検査でオージオメーターの使用をはじめ新しい検査技術の導入がみられた。

表1　健康診断項目の変遷　　　　　　　　　　　　　　　　　　　　　　　　　　　（高石，1982年に加筆）

	名称	活力検査		身体検査						健康診断			H6検診項目備考
項目	年	M11	M21	M30	M33	T9	S12	S19	S24	S33	S48	H6	
保健調査										○		○	
形態	身長	○	○	○	○	○	○	○	○	○	○	○	
	体重	○	○	○	○	○	○	○	○	○	○	○	
	胸囲	○	○	○	○	○	○	○	○	○	○	△	必須検査項目から削除
	座高				○	○	○	○	○	○	○	○	
	脊柱			○	○			○	○	○	○	○	
	胸郭						○	○	○				
	栄養					○	○	○	○	○	○	○	
	腎囲	○	○										
	指極	○	○										
機能	肺活量	○	○	○						△	△	△	
	握力	○	○							△	△	△	
	力量	○	○										
	背筋力									△	△	△	
検査	視力			○	○	○	○	○	○	○	○	○	眼鏡使用者，裸眼視力検査省略可
	色覚					○	○	○	○	○	○	○	小4で1回実施
	聴力			○	○	○	○	○	○	○	○	○	小2省略可を必須に
	寄生虫卵									○	○	○	小4異常検査省略可
	尿										○	○	
疾病および異常	眼			○	○	○	○	○	○	○	○	○	
	耳			○	○	○				○	○	○	
	鼻咽頭			○	○	○				○	○	○	
	皮膚			○	○	○				○	○	○	
	歯			○	○	○	○	○	○	○	○	○	
	口腔									○	○	○	
	結核									○	○	○	
	心臓										○	○	
その他				○	○	○	○	○	○	○	○	○	

（△…任意の項目，M：明治，T：大正，S：昭和，H：平成）

(2) 「スクリーニング方式」の導入

　戦後の学校健康診断政策展開の中で，昭和47年12月の保健体育審議会答申「児童生徒等の健康の保持増進に関する施策について」はひとつの画期をなしている。答申で設置がうたわれた学校保健センター的機関が，翌48年，財団法人日本学校保健会の学校保健センター的事業として実現する。これ以降，学校健康診断は，学校保健センター的事業の中で設置される「健康診断調査研究委員会」での検討を受けて具体化していくという体制ができた。また答申でうたわれた「健康診断の項目および方法の改善」は，昭和48年に「学校保健法」の一部改正として具体化された。

　この改正の最大のポイントは，「スクリーニング方式」という考え方の採用であった。施行規則で，「身体計測，視力，色覚および聴力，ツベルクリン反応検査，X線検査，尿の検査，寄生虫卵の有無の検査，その他の予診的事項に属する検査は，学校医または学校歯科医による診断の前に実施するものとし，学校医または学校歯科医は，それらの検査結果および保健調査を活用して診断にあたる」と述べられたように，定期健康診断の実施手順として，第一段階の予診的事項に属する検査，次に専門医による諸検査の結果をふまえ，最

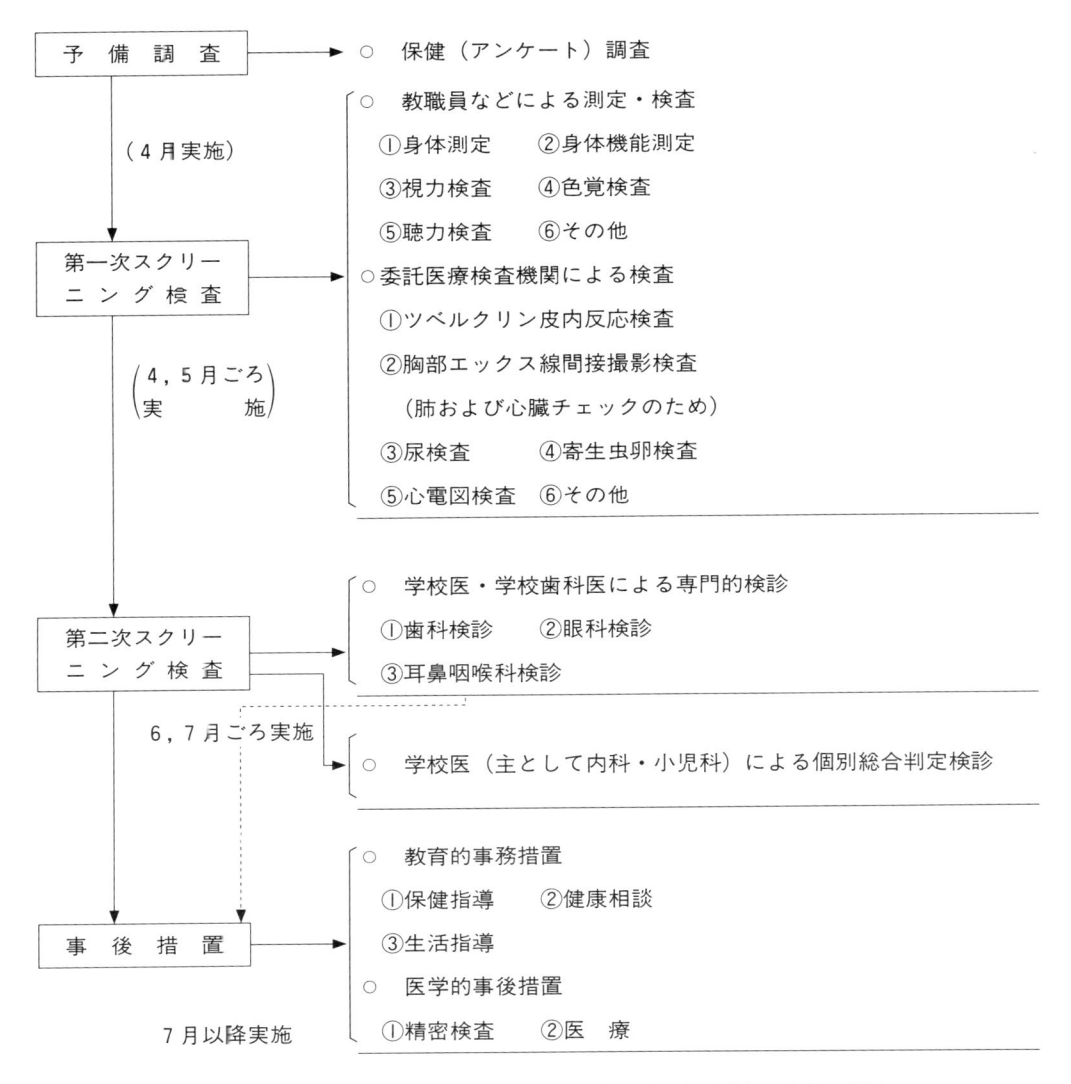

```
予 備 調 査  ──→ ○ 保健（アンケート）調査
    │
 (4月実施)          ┌ ○ 教職員などによる測定・検査
    │              │    ①身体測定    ②身体機能測定
    │              │    ③視力検査    ④色覚検査
    ↓              │    ⑤聴力検査    ⑥その他
第一次スクリー  ──→│
ニング検査         │ ○ 委託医療検査機関による検査
    │              │    ①ツベルクリン皮内反応検査
 (4,5月ごろ        │    ②胸部エックス線間接撮影検査
  実　施)          │      （肺および心臓チェックのため）
    │              │    ③尿検査      ④寄生虫卵検査
    │              └    ⑤心電図検査  ⑥その他
    ↓
第二次スクリー  ──→ ┌ ○ 学校医・学校歯科医による専門的検診
ニング検査         │    ①歯科検診    ②眼科検診
    │              └    ③耳鼻咽喉科検診
    │          
  6,7月ごろ実施 ──→ ○ 学校医（主として内科・小児科）による個別総合判定検診
    │
    ↓              ┌ ○ 教育的事務措置
事 後 措 置  ──→   │    ①保健指導    ②健康相談
                   │    ③生活指導
 7月以降実施       │ ○ 医学的事後措置
                   └    ①精密検査    ②医療
```

図1　児童・生徒などに対する定期健康診断の実施手順

後に学校医又は学校歯科医による総合的な健康状態についての診断が実施されるという方式を示した。図1（能美光房氏による，当時，文部省学校保健課教科調査官）のように学校健康診断の予診的段階が第一次，専門医による検査が第二次スクリーニングに対応させてとらえられている。

　検査項目では，腎炎や潜在性慢性腎炎，ネフローゼの早期発見のため，幼児から大学生への尿検査を必須とし，心臓の疾病や異常を調べるため，小学校一年生にX線間接撮影を行い，栄養状態については肥満傾向に注意するというように，心臓検診，尿検診等を手厚くするというように変わった。たとえ発生率は低くとも，早期に発見できれば個人の生涯

の健康に資するという，慢性疾患予防対策の考え方を導入した。

(3)スクリーニングとしての現行健康診断

　昭和62年に日本学校保健会のセンター的事業の一つとして，後述する「健康診断調査研究委員会」が設置され，平成2年に中間報告，平成6年に最終報告がまとめられ，これを受けて，同年12月「学校保健法施行規則」の一部が改正され，スクリーニングとしての健康診断が打ちだされ，翌平成7年度から実施に移された。改正の理由は，児童生徒の健康問題の変化，医療技術の進歩，地域の保健医療状況の変化をふまえ見直したもので，15年ぶりの大改訂となった。健康診断の性格については，当時の文部省体育局審議官岡崎助一氏が「学校における健康診断はスクリーニングである。学校生活，日常生活に問題となるような疾病等の疑いのあるものを選び出すもので，医学的立場からの確定診断を行うものではない（傍点は筆者）」と明確に説明している。

　また，検査技術は，その精度，信頼性および経済的な効率，学校健康診断と地域における健康診断との役割分担，検査及び結果が個人に対してまた集団としての児童生徒等の健康教育に発展しうるものとしたと述べている。

　健康診断項目では，胸囲は必須から「検査に加えることができる」項目へ，メガネ，コンタクト使用者の裸眼視力測定を省略可とするなど，一部簡略化が図られた。

[2]「健康診断調査研究委員会」が打ち出した健康診断の性格

　前述した昭和47年の保健体育審議会答申の「Ⅱ施策」で，「学校保健にかかる重要問題に関し調査・研究・指導の役割を持つ学校保健センター的な機関の設置」が打ち出された。しかし，国が直ちにそのような機関を設置するにはいたらず，翌昭和48年，文部省の外郭団体のひとつである財団法人日本学校保健会に委託することとなり，学校保健センター的事業が開始された。事業は企画運営委員会のもと，「普及指導事業」，「調査研究事業」，「健康相談事業」の三事業で構成され，保体審答申の中でセンターの重要業務として掲げられた八つの事項に対応させて，八つの専門委員会を発足させている。

　健康診断については，昭和50年度からセンター的事業の中の調査研究事業の一環として「健康診断調査検討委員会」（以降，第一次調査検討委員会と略記する）が新設され，昭和52年度までの三か年にわたって，昭和48年に改訂された健康診断の諸問題が検討された。そして再度，昭和62年度に「健康診断調査検討委員会」（以降，第二次調査検討委員会と略記する）が設置された。平成元年度に「中間報告」，平成5年度に「第二次検討まとめ」を経て，検討された内容が最終的に現行健康診断（平成6年改正，平成7年度から実施）と

して具体化された。

　以上の経過から，昭和50年以降の健康診断に関する施策の実質的検討は，日本学校保健会の学校保健センター的事業の中で行われてきている。したがって現行健康診断の由来をつかむためには，第一次および第二次調査検討委員会における検討内容を把握しておく必要があろう。

(1) 第一次調査検討委員会

　昭和48年改正された健康診断は，昭和49年からの実施に伴って種々の問題が出ていた。これら諸問題を検討し，望ましい今後の学校健康診断の方向を得るという主旨で本委員会が発足した。委員構成，委員会開催回数を表2に示す。

表2　委員構成および委員会開催数

	50年度	51年度	52年度
文部省体育局学校保健課専門委員	1人	1	1
学校関係者（養護教諭，保健主事）	4	4	1
学校医等	4	4	4
県教育委員会	2	2	2
学識経験者	2	2	2
委員会開催回数	9回	12	9

　昭和50年度は，定期健康診断の実情把握と問題提起を行っている。具体的には，校長，保健主事，養護教諭を対象に各学校の健康診断の実態と，都道府県教育委員会学校保健主管課を対象に行政レベルの実情把握のためのアンケート調査実施した。改正健康診断の評価は，「全面的に良し」としたのは20%，「なお検討すべき問題あり」が70%であった。問題点としてあげられたのは，学校行事としての位置づけ，実施の際の連携協力体制，学校医の協力体制，検査技術の内容などであった。

　さらに，この委員会のメンバーである学校医，学校歯科医，眼科医，養護教諭から，調査結果もふまえ，以下のような問題点があげられていた。

・学校医，学校歯科医から
　「なぜ学校保健管理に検尿や心電図検査を持ち込まねばならないか疑問視している」
　「学校という教育の場における保健管理の限界を再検討すべきである」
　「法令基準通り運営するのは非常に困難である」
　「医師の総合判定は勤務時間や報酬の裏付けがない」

・眼科医から

「学校での予診的検査と診断との区別を明確にし，学校健康診断では，1.0以上をスクリーニングし，屈折の異常の種別を明らかにすべき」

「板付きレンズなどでの矯正視力の検査は，臨床技術を必要とする医療行為であり，医師がなすべき行為。アンケート調査結果では養護教諭によって行われている。仕事の範囲を越えている」

・養護教諭から

「法令で求められている健康診断と地域の実態（とくに農村僻地）との開き」

「眼科耳鼻科などの専門医不足のため，義務教育9年間に一度も専門医健診を受けられない事態が出ている」

　委員会はこのように，まずアンケートを実施し，当時の健康診断について全面的な現状把握を行った。委員による分析検討を行い，専門医からは学校健康診断の性格について，養護教諭からは，健康診断実施に関わる具体的な条件整備の必要性などの意見が出された。

　翌年度からは，問題解決の方向とその具体案について検討が進められた。検討された事項は，「児童生徒を対象とした定期健康診断の性格」をはじめとし，以下健康診断の流れに沿って，「定期健康診断計画」，「定期健康診断の実際」（保健調査，健康診断事項，技術的基準），「事後措置」と健康診断の全過程に及ぶものであった。

　最終年度は，健康診断実施上の問題点を，協力校による実際から検討し，保健調査内容の妥当性や健康診断の評価について，評価基準の作成を試みている。この評価基準の枠組みは，健康診断計画に始まる一連の過程に対応させて，「人的」，「物的」，「財政的」評価項目が設定されており，健康診断を成立させる具体的・現実的条件に目を向けさせる観点が，評価項目として提起されていた。

　以上のように，第一次調査研究委員会は，実態把握→問題の抽出→問題解決と，具体案作成→協力校での実践→評価，という方法論を持って健康診断について全面的検討を進めた。この委員会での検討作業は，学校健康診断にかかわる理論的，技術的事項のすべてを網羅していたといってよい。

　しかし，問題の抽出過程と問題解決のための具体案検討とのあいだには断絶もみられる。アンケート結果や各委員から出された，教育の場における健康診断の性格や健康診断の実施を裏付ける条件整備については，施策として実効性のあるものにするための検討はなされていない。たとえば，学校健康診断について，問題発見から問題解決までの評価基準をたてながら，これを施策としてどう実行するかは不問にしている。

　この調査検討委員会が行った作業で注目されるのは，学校健康診断の基本的性格についての検討である。昭和50年度に，学校健康診断のあり方（スクリーニング論からみた問題点）として，江口，出井委員によりスクリーニングについての基本的な検討がなされている。

「現行の健康診断はスクリーニングと簡略化された臨床診断が混在し」，「スクリーニング

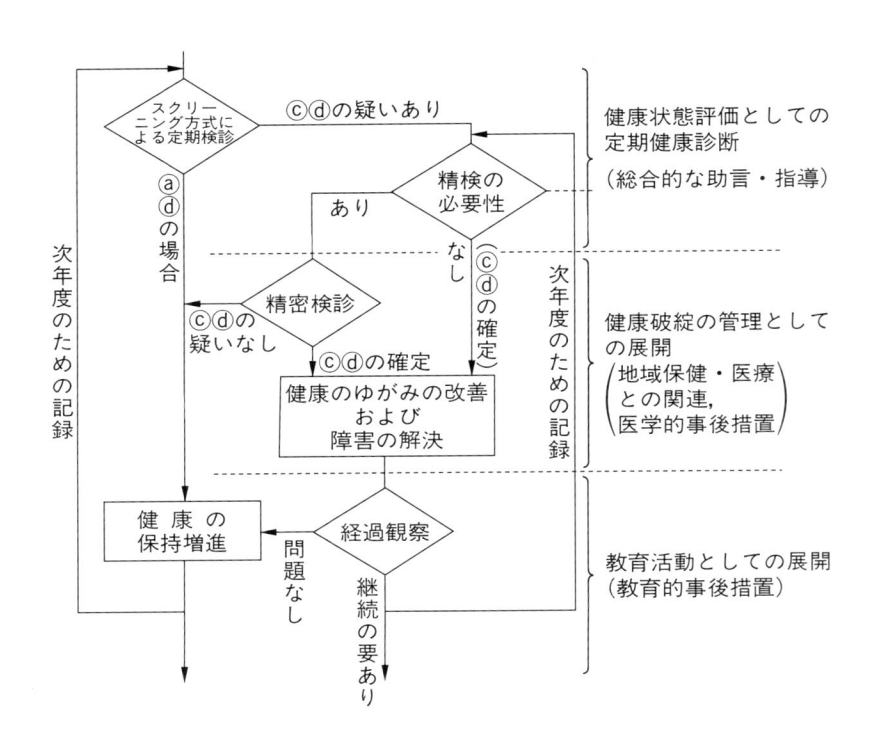

ⓐ 理想的な望ましい健康状態
　（観念的に考えられるもので，現実には到達できにくいが，理想的状態としての目標にはなる）
ⓑ いわゆる健康の状態
　（日常生活において何らの障害も来さない一般的な健康状態で，大部分の人々がこの状態に入る）
ⓒ 健康のゆがみ（いわゆる半健康）
　（疾病や障害の段階ではないが，少なくとも健康な状態とはいえず，健康上やや問題のあるといった状態）
ⓓ 健康の障害（いわゆる疾病・傷害）
　（明らかに何らかの疾病あるいは傷害があり，健康上，明瞭な障害がみられる状態）

図2　スクリーニング方式による定期健康診断（髙石による）

としての学校健康診断に続いて行われる臨床診断の実施手順が示されていない」と問題を指摘してる。翌年度には髙石委員が加わり，「児童生徒等を対象とした定期健康診断の性格」としてさらに検討整理され，最終年度，髙石・出井委員により，「定期健康診断の性格」としてまとめられた。

　ここでは，学校における健康診断は，集団を対象とした健康管理の展開と健康状態評価による教育活動の展開という二つの特徴的意義が考えられるとし，健康状態の度合いを評価するという特質と，それをスクリーニング方式によって評価するという特質を持っていると整理している。そして，定期健康診断のように，時点的な健康評価の具体的方法論として，スクリーニング方式を採用すべき必然性があるとしている。それは，図2の注に示された「連続的移行を考慮した健康状態」のⒸ（健康のゆがみ）およびⒹ（健康の障害）をとりこぼすことなく選び出し，次の精密検査へおくるためである。また，「学校における健康診断をスクリーニングと即断するのは誤り」とも述べており，スクリーニング方式を採用せねばならない理由は，「6月30日」まで終わらせねばならないという実施上の時間的条件の制約をあげている。

　スクリーニングとしての学校健康診断という性格規定は，「限られた時間とスタッフで実施されるべき学校における定期健康診断の方式はスクリーニングでなければ現実論として成立しない」と述べられたように，集団規模，検査体制，時間的制約，経済的条件など健康診断の実施にかかわる具体的条件からの制約性を意識した性格規定といえよう。前にも述べたように，本検討委員会は学校健康診断の意義を「学校における健康診断は，集団を対象とした健康管理の展開と健康状態評価による教育活動の展開」と押さえていた。したがって，スクリーニングとしての学校健康診断という性格規定は，学校健康診断の一側面「健康管理の展開」に関するものである。この規定をふまえ，さらに「健康状態評価による教育活動の展開」という学校ならではの働き（教育の機能）から性格規定をするという課題が残された。

(2) 第二次検討委員会

　この委員会設置のねらいは，健康診断が，学校保健管理の基盤にとどまらず，保健教育としても重要であり，学校保健活動の要という基本認識のもと，児童生徒の健康問題の変化，地域における生活環境，保健・医療の変化に伴い健康診断のあり方について再検討の時期にきているということであった。委員会は，学校現場から3名，教育行政から2名，四師会から各1名，学識経験者3名の計12名で構成された。

　初年度の昭和62年には，健康診断項目についてその方法や技術的基準について検討し，検討のための論点を整理している。

項目	論　点
形態測定項目	健康教育上の意義から再検討
視力	三段階方式
色覚	教育・進路指導上から検討
その他	健康調査，体力的機能検査，精神など新たに加えるべき項目や技術的基準，総合評価，健康診断票の型式

　健康診断の性格規定は，スクリーニングとしての学校健康診断であり，第一次検討委員会による性格規定を引き継ぎ，残された課題についてとくに発展させることはなかった。平成元年度の「報告書」で「児童生徒等を対象として，学校内で行われるスクリーニングである」と述べられる。これが平成五年度の最終報告にそのまま引き継がれた。これは第一次検討委員会での検討をふまえたものであり，この報告書をとりまとめた委員長の「健康診断は本来地域医療ないし公衆衛生活動の仕事である。地域の条件が整っていない過渡的状況では学校がその役割を担う。学校健康診断は，『問題発見の糸口』，いわゆるスクリーニングである」との考えが背景にある。

　委員長は，現在の健康診断は疾病診断であるとし，「学校として必要なのは，ある健康状態の子どもに対してどのような生活指導，どのような教育をすることが望ましいかという教育的な判断をすること」とも述べている。これは，子どもの健康保護について，地域医療や公衆衛生活動と学校との本来的役割を確認することの必要性を指摘し，また，健康状態の評価と銘打った学校健康診断が，実のところ疾病異常の早期発見に偏ってる現状を批判し，学校健康診断のあり方について問題提起したものと受けとめられよう。しかし，この考え方を現行の健康診断に反映させ，具体化することはなかった。

　以上のように，第一次検討委員会，第二次検討委員会はともに，学校健康診断の基本的性格を健康管理の一環という側面と教育的展開の両面から総合的に押さえて検討を進めている。健康管理の一環という側面は，健康問題の発見のステップとしてのスクリーニングから，問題解決につながる一連の過程と押さえている。そして学校で取り組まれることの意義を，教育活動と結びつけて展開することとみている。しかし，具体化される際にはなぜか検査項目の技術的検討にどどまり，健康問題発見の出発点である「スクリーニング」と限定的な側面が強調されている。政策展開の中で，人的・物的条件整備がきわめて脆弱であることと関係しているのであろう。

　昭和60年以降，厚生行政のなかで健康管理の「自己責任」や「自助努力」が強調され，子どもの健康や発育発達にかかわる権利保障のための公的努力から，国が手を引いていくような状況もあらわれた。「自助努力」がかなわない子どもは，学校からも地域からも見放

され，健康上の問題を抱えることが生活や学習上の不利につながり，「健康でなければ落ちこぼれる」ような状況に追い込まれかねない。健康診断にはじまる学校保健活動があらためて子どもの発育発達を真に励ますものになる内容構築が求められている。

●引用・参考文献
(財)日本学校保健会「学校保健センター的事業報告書」昭和48年度〜平成6年度
(財)日本学校保健会「児童生徒の定期健康診断」昭和51年度，52年度
(財)日本学校保健会「健康診断調査研究委員会報告書」平成元年度，五年度
船川幡夫：保体審答申とその後に来るもの，学校保健研究，15,3,121,1973
託間晋平：健康診断システムの反省と問題点，学校保健研究，19,6,265,1977
文部省「学校保健百年史」1973年

5

これからの
学校健康診断

5 これからの学校健康診断
三浦正行・藤田和也

[1] 理論的課題を探る

　学校健康診断をめぐるさまざまな議論，制度上・実践上の困惑と混乱などをふまえると，理論的な課題として，少なくとも次のような点があると言える。

①学校健康診断という制度が存在する理論的根拠の明確化

　健康診断を学校で行うということは，必ずしも「議論の余地なく自明のこと」とは言えない。それは，社会的合意によって存在が規定されるものであって，時代によって，国によってその様相が異なることもあり得る。だからこそ「健康診断不要論」と名付けられるような，学校で健康診断を行うことへの根源的疑問も出されてくるのである。

　したがって，学校健康診断の必要性を認め，それをより充実・発展させていくためには，「そもそも学校でなぜ健康診断なのか？」についての明解な説明が用意されなければならない。

　そのためには，日本の学校健康診断（その制度と実践）が不十分ながらも歴史的に果たしてきた役割（その時代の子どもの健康保障に果たしてきた役割）について，歴史実証的に明らかにすることと，現在の学校健康診断が存在する意義を理論的にも整理する作業が早急になされる必要がある。

　歴史研究的な作業に関しては，吉備国際大学の澤山信一氏が「学校健康診断の歴史－健康診断制度の始まり」（共同研究最終報告『健康診断に関する研究』，第6回日本教育保健研究会，1999年　所収）において，「活力検査訓令」に至るまでと時期区分が限定されてはいるが，「学校教育における兵式体操の導入」や「学校病への関心」そして「近視予防策」などに触れながら，「活力検査訓令」の公布までの経緯について詳細に検証している。氏のその研究作業は，学校健康診断の「縮小」かそれとも「充実」かといった将来像を左右する議論は，健康診断の近代をどのようにとらえるのかという問題に帰着する，という明確

な課題意識のもとに進められている。

　ちなみに，その歴史的根拠を探る一つの手がかりとして，大戦前の学校健康診断が強く意図されてきた兵力検査の側面から，検診項目の取り扱われ方の一端に触れておきたい。

　『陸軍軍医学校五十年史』（陸軍軍医学校，昭和１１年１１月７日）の中では，以下のような記述がみられる。

「陸軍軍医学校教育綱領（昭和九年六月三十日改定）」の「第十一条　第五　選兵医学」の項「選兵医学教育の目的は選兵に必要なる諸検査法を収得せしめ良材簡抜の実を挙げ且兵糧の特性に服合せしめ得るの識能を養成するに在り之が為各疾病変常に対する等位判定の基準，兵糧特異の生理機能等を教育し諸種検査方法に練熟せしむるを要す」（昭和九年）

「陸軍軍医学校教則（昭和十年三月十九日改定）」の「第二十二条　第五　選兵医学」の項に「選兵に必要なる諸検査法，各種傷病変常と選兵との関係及之が等位判定の基準，詐病看破法，兵糧及特業に関する特異の生理機能等を教育し諸種検査法に練熟せしむ」（昭和十年）

　これらは明らかに「選兵」を目的にした検診法の必要を唱っており，このような意図を汲んで学校における身体検査項目が選定されたであろうことは十分に考えられる。

　しかしながら，学校における健康診断は，必ずしも「選兵」思想に全面的に依拠したものではなく，学校環境や学校生活の不備から子どもを保護するという面からの検査項目が選定されていたことも事実である。たとえば，『日本眼科学会百周年記念誌・全７巻』の第１巻『日本眼科の歴史・明治編』「第９章，眼科と公衆衛生」には，以下のような記述がある。

　学校衛生に重大な関心を示したのは大日本私立衛生会で，明治17年の総会に於いて主要議題のうちの一つとして「学校病予防方法如何」が議せられ，学校病として次の６種が取り上げられた。即ち　１）近視眼　２）クル病（亀背）　３）衰弱（虚弱，腺病，肺病）　４）頭痛，貧血　５）精神病　６）伝染病である。この「学校病」という概念は学校教育の始まり以来目立ってきた疾患を取り上げたもので，学科負担の軽減，体育の重視，学校環境の改善などが強調された。これは，明治16年11月に発足した大日本教育会でも検討され，学校環境，学校生活の不備によるものであると指摘されたのである。（p.240参照）

　また，「学生生徒身体検査規程」（明治33年文部省令第4号）の第４条の身体検査項目（11項目）のなかに，6）視力　7）眼疾が明記され，当時の子どもたちの間で広がっていたトラホームなどの眼疾の検査が重視されていたことがわかる。（p.240参照）

こうした動きの中に，子どもの健康・発達保障の視点から，教育の場での独自の営みとしての健康診断が意識されていたことが十分に読みとることができる。そして第二次大戦後には学校身体検査規程が昭和24年3月（省令第七号）に初めて制定公布されることになる。これは，学校教育法第十二条の「学校においては，学生，生徒，児童および幼児並びに職員の健康増進を図るため，身体検査を行い，及び適当な衛生施設を設けなければならない」という規定に基づいたものである。
　このように健康診断が学校教育に位置づけられるにあたっては，「米国教育使節団報告書」（昭和21.3.30）が重要な意味を持っているといえる。そこでは次のように述べている。

　「健康と体育　・・・健康が個人および社会道徳の大部分の出発点であるだけに，これらの方策の中比較的はっきりしているものは優先的に考慮されるべきであると，まず第一に云わざるを得ない。保健教育　初等学校では保健教育がおそろしく欠けているようである。生理学も衛生学も実際には教えられていない。学校の身体検査のための満足な基準と方法を作るために医学団体によって研究が行われるべきである。教師も或る種の検査のためには利用できるであろう。医学校においては，学校の諸計画から生ずる必要な知識を将来の医師にのみこませるため，短期の講座が設けられるべきである。これに引き続く身体検査の計画は，医師，学校看護婦，教師，生徒および父兄を含めて組織されねばならぬ。」（日本学校保健会『学校保健百年史』第一法規，昭和48年，p.573参照）

　そして，「学校衛生統計調査規則」（昭和27.3.11 文部省令第五号）によって，身体検査結果は教育的な資料として重要なものであると位置づけられていった。その調査の目的は，第二条において次のように語られる。

　「学校衛生統計調査は，学生，生徒，児童及び教員の発育及び健康の状態並びに保健設備及び身体検査の実施状況について調査し，学校衛生行政上の基礎資料を得ることを目的とする」

　学校健康診断は，こうした戦後初期の状況を経て，その後学校保健法の制定によってその呼称とともに制度的に確立されたものとなり今日に至っている。重要なのは，その制度がどれだけ教育的な内実を持って運用されてきているのかの歴史実証的な検討である。

②学校健康診断の性格と役割の明確化
　学校健康診断をどういう性格のものとして考えるか（構想するか）についても，いくつかの考え方がある。たとえば，健康診断を単なる集団検診としてとらえて「スクリーニング」

としての側面を強調する考え方，あるいは，従来の公衆衛生的な「疾病・異常の早期発見」にのみ意義をおいた医学・疾病モデルの健康診断像を描く考え方，あるいはまた，学校生活や学習活動に支障がないか否かのチェックとピックアップに重点を置いた考え方など，やや一面的ともいえる考え方が混在している。こうした一面性を乗り越えて，健康診断をことさら学校で行うことの意味，教育活動との有機的な連結，さらには健康診断活動自体の教育的意味の創造など，子どもたちにとっての発達的・教育的意義をも兼ね備えた健康診断像（構想）をどのように描くかが問われている。

ここでは，学校健康診断と「スクリーニング」との関係の検討と「医学・疾病モデル」からの脱却の課題について触れておきたい。

これに関しては，まず久道茂氏が「健康診断の意義」の中で，実際には健康診断が種々の目的で行われるとし，それらを次のように，整理している点に着目しておきたい。

1．正常の確認のため（health check-up）
2．スクリーニングのため
3．確定診断のため（精密検査）
4．経過観察のため
5．予後の判断（予測）のため
6．調査や研究のため
7．教育のため
8．誤診裁判に負けないため
9．患者の要望があるため
10．経営上のため

その中で，正常の確認のための検査は「健康診査または健康診断（健診）」といわれ，これはある特定疾患の発見を目的とするわけではないので，対象とする集団の中から疾患者が1名も発見されなくてもよい。健診は，健康の確認のほかに，疾病のリスクを発見し，その後の適正な管理と疾病発生の予防の目的を合わせ持つ。英語でhealth check-up, health examinationと呼ばれている。日本で行政的に行われている老人保健法の基本健康診査や学校における学童の健診がこれにあたる。

一方，スクリーニングは，自覚症のない集団を対象とし，ある特定の疾患を見つけ出すもので，「検診」という言葉が用いられる。つまり，対象とする集団から標的患者を1名も発見できないようなスクリーニングは意味のないことになる。救命できない状態でいくら発見してもこれまた意味のないことになるので，スクリーニングは一般に早期発見と同じ意味を持つ。がん検診などはこれに相当する（『日本医師会雑誌』第105巻，第10号，平成3/5/15, p.1622-1625参照）。

学校健康診断がこのようにスクリーニングとしてとらえられているとすると，果たしてそれで学校健康診断としてふさわしいのか，という疑問が生じてくる。
　また，発達的・教育的意義において，まさしく「教育的営み」としての学校健康診断が構想されるためには，少なくとも，以下のような点での課題が整理される必要があろう。

(1) 健康診断が子どもたちにとって「抑圧」の存在になってはいないか，といった点での検討である。受験競争の過熱化やいじめ・不登校など今日の学校教育の場においては，さまざまな「抑圧」が存在し，子どもたちを困難な状態に陥れている。「体格差」「成熟度の差」「視力差」「疾病の有無」等から健康診断それ自体が「抑圧」の存在として子どもたちに襲いかかることのないようにする必要がある。
　そのためには，「権利主体」にふさわしく，「からだを調べ」「自分を見つめ」「自分をつくっていく」ことなどが保障される健康診断こそが求められよう。たとえば，「プライバシーや人権」は多く語られるが，子どもを「権利主体」として位置づけることが十分なのかどうかの問い直しは必要である。「自己決定」に類する健康診断を受ける・受けないの問題，「自分のからだだから勝手にしていい」に対してどう応えていくのかといった問題もある。「セルフエスティーム」の発想が導入されもするが，真にからだ・健康における主体となるために必要な「関係性」の獲得が健康診断の場でなされるにはどうしたらよいのかの検討も必要である。そうでなければ，個人の自己責任に帰する「個人の自立の強調」や「個人の選択権」等に無前提に賛同して，健康診断の拒否だけが残ってしまうことになる。

(2) 特定のわずかな疾病や障害や「異常」の発見が，即「能力の有無」につながり，差別の対象となり，いわゆる「弱者切り捨て」になってはならないということである。そのためには，竹内章郎氏が述べるように，「社会的に差別されて『弱者』になることと，『弱者』であるがゆえに社会的に差別されることとの違いであり，表現上は微妙だが実態的には非常に大きな相違である（佐藤和夫編『「近代」を問いなおす』大月書店，1994年，P.57-58参照）」という視点からの学校健康診断のあり方の検討が必要であろう。

(3) また，「健康の権利性」の確認と権利保障の中身が問われなければならない。「健康で文化的な最低限度の生活を営む権利」というときの「最低限度」とは何かの質的な問題が問われるべきである。プライマリ・ヘルスケアがことさら強調されることの意味とその実施の場としての学校との関係もまた問われる。
　こうした検討を通して「権利主体」としての子どもの「からだ」の位置づけ直しが

求められていく。「アルマ・アタ宣言」以降のプライマリ・ヘルスケア重視の流れの中で，学校保健と母子保健，地域保健，産業保健そして老人保健等との連結の課題が提起されてきている。しかし，それは医学・医療そして公衆衛生の分野で必ずしも十分認知されてはいない。この点は，「医学・疾病モデル」の学校への転用の克服とも関連させながら検討される必要がある。

③健康診断項目の設定根拠の明確化

　現在実施されている健康診断の各項目が果たしてどのような根拠に基づいて設定されているのか，その根拠が必ずしも明確ではないという指摘がある。健康診断項目の設定の議論は，古くて新しい問題といえる。
　たとえば，歴史的には，「身体検査をうけること，或いは身体的欠陥の矯正を受けることは，個人の健康教育に対して何らかの確定的な貢献をなすものである。」（C.E.ターナー／高橋喜一　訳『健康教育原論』昭13，右文館）という意義づけ，また「児童の体重測定には二つの理由がある。第一は発育することに興味をもたせるという教育的目的であり，第二は身長－体重比を調べることによってその健康状態を或程度まで決定することである。第一は健康教育プログラムにおいて児童に最善の誘因の一つを与える手続きで」（同前）であるとされる考え方は，健康診断が学校教育の場で実施されるようになった明治以降にほぼ共通のものとしてあった。そのことは，『大日本私立衛生会雑誌』に掲載された諸論説などからも窺うことができる。

　「小学校用机腰掛取調報告」（明31，176－177号）では，第一章，小学校用机腰掛けの調査に関する事歴に始まって，小学校用机腰掛構造法に至るまで，諸外国の研究の成果などをふまえながら，詳細に述べられている。そこでは，もちろん，「児童・生徒の健康に影響するもの，机腰掛より甚だしきはなし」との基本的なおさえのもとに教育事業として，児童・生徒の身長に見合った机腰掛の製造を促そうとする意図が明確に述べられている。

　また，『学校衛生』の諸論説においては，学校における身体測定の意味がより鮮明になってくることが窺える。とくに，大正14年の合屋武城の「胸囲に関する研究」「体重に関する研究」「身長に関する研究」以降の諸論説からは，戦時体制に移行していく状況の中で，直接的に政策意図を具体化するための「身体の見つめ直し」の状況が色濃く窺える。しかし，「身体検査は学校体育の起点となり，学校衛生の根幹をなすもので，小学校令に云うところの，"児童身体の発育に留意する"科学的の根拠はこの身体検査によるものである。即ち身体検査は学校体育の結果を批判する好資料であり，又体育的新施設立案の基礎をなすものである。」（岡田道一『学校と家庭の児童衛生』昭8）といった記述や，「体格検診は検診

のための検診でなく，体格向上のための検診であります。また体格向上というも単に体格の向上をのみ意味するものではなく，身体健康のための体格向上に外ならないのであります。」(大伴茂『児童心身健康の調査と指導』昭14)にみられるように，身体測定そのこと自体の意義についてしっかりととらえられている側面もあったのである。

　こうした，健康診断項目の設定に関する歴史的検証も行いながら，より現代的な健康診断項目設定の根拠が明確ではないという指摘についても答えていく必要がある。
　たとえば，1999年の第46回日本学校保健学会での「シンポジウム2 これでよいのか健康診断」において，大沢功(名古屋大学総合保健体育科学センター)氏は「健診はこどもの健康改善に役立っているのだろうか」と題して，ＥＢＨＣ(Evidence-based Health Care－科学的根拠に基づいた保健医療)の観点からの再評価が学校健康診断でも必要であり，とくに，そうした保健医療行為がこどもの健康改善にどのように有効なのかを証明することが問題であるとの指摘を行った。
　大沢功氏のように，Evidence-Based-Health Care(EBHC)の視点をあてることで，健康診断項目の評価がなされ始めているのであるが，Evidence-Based-Health CareにしろHealth Careにしろ，現在の学校保健分野への適用の仕方は，その言葉のもつ概念等の検討が十分になされる必要があろう。その上で，学校健康診断におけるより厳密な意味での事実・根拠(evidence)とは何かを明らかにすることが求められているといえよう。
　たとえば，一人の医師がある患者に，Ａ，Ｂ，Ｃのどの治療を施せばよいかを迷った場合を考えてみる。

　①勘で決める
　②経験に基づいて，もっともよさそうなものに決める
　③先輩の医師に尋ね，その指示に従う
　④その分野の教科書を読み，その指示に従う
　⑤類似の状態の患者に対し，今までの医者がどのような治療を施し，それがどのような
　　結果になったかを世界中の報告から調べて，もっとも成績がよかったものを用いる。

実際には，③か④でほとんどのことが解決可能であり，ある程度経験を積んだ医師ならば，②で決定しても多くの場合は大丈夫であろう。⑤は理想論といえる。
　この⑤のように，1)疑問を明確にする 2)今までの報告を系統的に収集する 3)それぞれの結果の妥当性と有効性を客観的に評価する 4)提出した疑問にもっとも役に立つと思われる回答を引き出す，というプロセスを踏んで意志決定を行おうとする医療のことをＥＢＭ(Evidence-based medicine)と呼ぶ。
　しかし，人々がいちいち世界中の報告を集めて，それを分類して，などとしていたら，

これは時間と労力の膨大な無駄となる。そこで，このような考えに基づいて，だれか他の人がある疑問に対して回答を引き出してくれて，その舞台裏（そこで使った収集方法や，収集された報告のリスト）を見せてくれたらとても便利である。このような段階を踏んで提出された結果を積極的に利用しようとする場合も，広い意味で，EBM的な医療，と呼んでよい。

　EBMの特徴は，世界中に散らばっている経験上の成果（知的財産）を，系統的に収集し，客観的に評価し，有効に利用しよう，という考えである，と理解すべきだというのである。(佐々木敏／等々力英美『EBN入門－生活習慣病を理解するために－』第一出版，2000 p.1-3参照)

　このように考えると，学校健康診断における事実・根拠とは，医学における事実・根拠を基礎とし，密接に関連しながらも，大沢氏の主張する臨床診断的な観点に頼って見いだされるものだけではないということが見えてくる。それこそ，健康診断項目の設定については，保健室や養護教諭がもち得る「知的財産」に依拠し，発達論的，教育論的視点も含んだ多角的な吟味，つまり教育保健的視点からの根拠づけを必要としているのである。

[2] 制度的課題を探る

　「保健体育審議会答申」，「中央教育審議会答申」そして新しい「学習指導要領」を貫徹する「生きる力」の強調は，一面では健康教育の充実・発展を導き出してきている。その限りでは，現行の学校保健の中核としての学校健康診断は制度的には安定したものといえるかもしれない。

　しかし，従来からなされてきている学校健康診断の制度のあり方についての議論は，制度の充実を標榜しながら，「弾力化」や「選択の拡大」そして「自由化」など学校健康診断の制度的根幹を揺るがしかねない問題を投げかけている。

　佐藤敏信氏(当時文部省体育局学校健康教育課専門員)が，「健康診断の今後」として，「健康診断の項目の追加，特に(小児)成人病に関連するような項目の追加に当たっては，まず最初に，法本来の趣旨を考慮し，かつ，その効果について科学的・行政的な評価を行っておくことが必要。それでもなお追加・導入が必要と考えられる場合には，科学的・行政的な評価を確立したうえで，①法の趣旨を，「学校における健康管理・・・」からたとえば，「生涯にわたる健康増進の基礎を培う」と変更する(法改正が必要となるため非現実的か？)，②追加・導入しようとする項目について，その実施の根拠を学校保健法以外に求める。ア「保健管理」(根拠は学校保健法)ではなく，「保健教育」(根拠は学校教育法)として位置づける・・たとえば血圧測定の実習　イ学校保健ではなく，地域保健に位置づける。つまり，実施の主体を，衛生主幹部局，保健所などに委ねる。この①②いずれかの方法を取らざるをえないだろう。」(『日本

医師会雑誌』第103巻第10号, 平成2/5/15, p.1611参照)と, 制度のあり方の根本的な部分に触れていることからも, その問題性を窺うことができよう。

また, 青木宣昭(東京都医師会理事)氏が次のように述べている。

「・・・学校保健の導入部というべき健康診断は, 現行のような形で, 今後求められる学校保健に対応できるのであろうか。・・・内科医領域だけみていっても, 現状にそぐわないもの, 次代を考えれば加えられるべきものと多くの事項がある。・・・健診項目のひとつひとつの検討の前に, 基本的スタンスとしてそのいくつかを指摘してみたい。 1.現在の1校3名の学校医(内・眼・耳)の配置がはたして妥当か。多角的な健康診断, 保健教育推進のためには, 積極的に精神科医, 産婦人科医, 整形外科医などの応援が得られる方途を早急に開く。 2.尿検査における糖検査を必須項目にする, 血液検査についても貧血検査と並行させるなど効率的なで望ましい検査を行って, 成人病の早期化への対応を行う。 3.学校安全医とか衛生管理医などの呼称で, 教職員の健康診断のための医師を全校配置とする。・・・これらを導入するためには, 現在の死文化した条項も抱える法規の早期改正が求められる。」と。(『日本医師会雑誌』第105巻第10号, p.1640-43参照)

私たちが標榜する「子どものための健康診断」「教育としての健康診断」を, 学校において内実をもって展開していくためには, 健康診断という教育的空間を学校教育の場にしっかりと形成することであり, そのような健康診断の実施を可能にする制度的保障が必要であるし, 関連して, たとえば, 「子どもの権利条約」の理念・精神に照らして子どもたちの生命・健康をめぐる法的な整備・運用がどれだけなされているのかについて検討することなども必要である。

こうした点をふまえながら, ここでは, これまでのそして現在も行われている先進的な健康診断実践に基づいて, 少なくとも次のような制度的整備の必要性が考えられるであろう。

①子どもと学校・地域の実態に即した健康診断の自主的編成が可能な制度の弾力的運用

真に子どものためになるような健康診断を実施するには, 今日の子どもたちのからだが抱える種々の問題性に十分目を向けた, 地域と子どもの実態に合った健康診断の内容やすすめ方を必要とする。そして, 地域での小学校・中学校・高校と連携した共通した診断項目について経年的な資料の活用など, その学校・地域ならではの豊富なデータを揃え子どもたちの実態を把握する上で大きな財産としていくことも必要である。こうした実践を豊かなものにしていくためにも, 学校健康診断としての最低の基準を満たしながらも, その実態とニーズに合った項目や実施方法を柔軟に付加・工夫できるような制度的保障が必要である。

いわば, 子どもと地域の実態(健康課題)に合った健康診断を学校毎に自主的に編成できるような柔軟な制度あるいはその弾力的運用が求められる。

❷個々の子どものトータルな健康・発育状態を明らかにできる健康診断制度と財政的裏付け

　「医学・疾病モデル」にもとづく一律・画一的に行う集団検診（スクリーニング）の中からある特定の疾患を発見して事足れりというものではなく，一人ひとりの子どもの発育状態や健康状態がトータルに明らかになる「健康モデル」といえるようなきめ細かな健康把握がなされる必要がある。

　既成の「医学・疾病モデル」においては，やはり，ある特定の疾病の個人や集団における予防へと関心を集中させることになる。それは，子どもたちの中で「う歯」が何人で，「ネフローゼ」にかかっているのが何人で，「心臓疾患」が何人で，というように発見することを前提にその処置，予防といった対応にエネルギーを割くことになる。そこでは，導入される医療機器の高度化も含め，診断技術のより厳密さが求められ，一方では，そうした診断によって発見される疾病は圧倒的に少ないということになれば，当然のごとく，効率性・経済性の問題が問われてくる。

　つまり，「何人の子どもが疾病にかかっているのか」といった「疾病探し」の健康診断ではなく，「健康探し」の健康診断へと発想を転換させることが必要であろう。学校健康診断は，ある特定の疾病にかかっている子どもが仮に2-3名いたとすれば，97-98名の子どもたちが疾病にかかっていないことになる。この97-98名の疾病にかかっていない子どもたちにも関心が向けられることが重要である。そこでは，一人ひとりの子どもたちの「人間的な営み」の全て，まさに，成長・発達に影響を及ぼす生活のしかたそのものが見つめ直されることになる。こうしたトータルな健康診断活動が十分に保障されるような制度的整備とその体制の充実，施設・設備の整備などの財政的裏付けが求められている。

❸社会的・人的ネットワークによって子どものための健康診断が取り組める制度的保障

　子どもたちにとって学校健康診断は，「からだを調べ」，「自分をみつめ」，そして「自分をつくっていく」ことへの大きな「支え」となる固有の価値を持つものともいえる。大きな「支え」であるだけに，そのしっかりとした「支え」としての社会的・人的ネットワークが必要となる。

　いくつかの先進的で意欲的な健康診断実践は，教職員（養護教諭や学級担任），学校医，その他の専門家，保護者などが連携・協同して，さらには子どもたち自身の意見表明や参加の形態を伴って展開されている。こうした実践は，「子育てと教育の連携と協同」のモデルとしてこれからの健康診断のあり方の方向を指し示すものであると言える。こうした社会的・人的ネットワークを可能にする制度的保障も重要な課題である。

[3] 実践的課題を考える

　第Ⅰ部で90年代の健康診断実践の動向からその特徴を整理し、さらに5人の優れた健康診断の実践から学んだことをもとに、改めて子どものためにあるべき健康診断の要件を整理し、その実践のあり方を考えることにしたい。

　そこでまず、その整理に先立って、「子どものための健康診断」というときの「子どものため」の含意を確認することから始めることにしよう。

　健康診断が真に子どものためになるには、どういう要件を具備すべきか。

　まず一つは、健康診断が子どもの実態に合ったものであることである。子どもの実態とは、子どもたちのからだや健康の実態を意味することはもちろんであるが、それだけではなく、子どもたちの生活や意識の実態をも含意している。

　二つには、子どもが主体的に参加するような健康診断であることである。子どもがただ「受動的に受ける」のではなく、また不本意ながら「受けさせられる」のでもなく、子どもが「主体的に参加する」健康診断となることを意味している。

　三つには、子どもがからだと健康について主体的に学ぶ機会となるような健康診断であることである。そこに学びがあってこそ子どものためとなる。

　四つには、子どもの意見や人権を大事にした健康診断であることである。子どもは子どもなりの意見や思いがあり、子どもなりの人権やプライバシーがある。それを尊重することは、「子どものため」の必須要件の一つである。

　以上が、90年代の自覚的な健康診断実践の特徴から筆者が抽出した「子どものための健康診断」の要件である。それでは次に、これらの要件を満たすような健康診断のあり方を具体的に考えることにしたい。

①子どもの実態に合った健康診断

　健康診断の内容と方法、そしてすすめ方を、子どもたちのからだや健康の実態に合わせて柔軟に工夫し、子どもたちに合ったやり方をすることである。もちろん、これは学校保健法施行規則にある内容と方法を無視することを意味しない。規定にある内容を基本的には踏襲しつつも、ただそれを機械的に子どもたちにあてはめるというのではなく、子どもたちのからだと健康の実態に合わせて、よりていねいに実施したり、必要な項目をつけ加えたりといった工夫がなされてしかるべきことを意味している。たとえば、障害を持った子どもたちの場合は、障害によってそれぞれなりの健康診断ニーズがある。健常児と同じような検診を実施することが困難な場合もある。また、障害の有無にかかわらず、地域や年齢段階の違いによってもニーズは異なる。こうした違いに対応して柔軟に工夫することが、真に「子どものための健康診断」であるということができる。

また，からだや健康の実態だけでなく，子どもたちの生活や意識の実態に合った実施の
しかたを工夫することも必要である。本書第Ⅰ部で報告されている岡部実践や布川実践の
ように，受診率や検体提出率を上げるために高校生たちの生活や意識の実態に即して実施
のしかたをいろいろと工夫している点に学ぶ必要がある。
　さらに，学校規模や地域の実態に合わせて，その学校なりの健康診断のやり方が工夫さ
れてもよい。家庭の状況がどういう特徴を持っているか，地域にどのような社会資源（活
用できる保健医療機関や専門家など）があるか，などによっていろいろな工夫があり得る。
第Ⅰ部の渋谷実践に見られる健診後の家庭訪問による懇談などの取り組みは，小規模校な
らではの特性を生かした取り組みといえる。

②子どもが主体的に参加する健康診断

　学校健康診断は，従来より集団健診の方法をとっているので，時間と費用の効率化とい
う点が当然のごとく優先されて，十把一からげのようなやり方をしてきた。そのため，健
診を実施する側は，子どもたちが健診の流れに沿ってスムーズに受診することに最大の関
心を払い，静粛さと順序よさだけを子どもたちに要請してきた。そのため，あたかもベル
トコンベヤーに乗せられた製品のように，ただ受動的に検査を受けるだけの存在でしかな
い，というのが子どもたちにとっての健康診断の一般的な意味あいであった。
　ところが，第Ⅰ部でみた90年代の自覚的な健康診断実践の多くは，子どもたちと健康診
断のこの伝統的な関係を組み換えるべく実践的努力を傾けた。子どもたちを健康診断の単
なる受け手にとどめずに，子どもたちが主体的に健康診断に向かうように，さまざまな工
夫と働きかけを試みだしたのである。たとえば，事前指導で健診項目の意味と方法につい
て学習を組んで，検診に対する子どもたちの意識と認識を確かなものにしたり，自分のか
らだについての事前の観察や確認をした上で検診に臨み，検診を受けながらその成長や変
化を確かめるといったような，課題を持った健康診断にしたり，また，子どもが校医さん
と向き合って質問をしたり，説明を聞いてくるなど，子どもの主体性を大事にした健康診
断を多様に工夫しはじめたのである。第Ⅰ部の宍戸実践，渋谷実践はその典型といってよ
い。
　また，子どもが主体的に健康診断に参加するという意味では，後掲するような子どもの
意見や要求を取り入れて健康診断を改善・工夫することも重要な手立てである。自分たち
の意見や要求が取り入れられた健康診断ということであれば，健康診断に向かう子どもた
ちの姿勢は自ずと異なってくるに違いない。

③子どもの学びを生み出す健康診断

　健康診断の事前・実施・事後のそれぞれの段階で，健診とのかかわりでからだや健康に

ついての学習をできる限り組み込む工夫をしたい。

　事前指導では，②で触れたような健診項目についての意義や方法についての学習だけでなく，その検査・測定に関係するからだ（の部位のしくみと働き）についての学習を組み込むこともできるし，実施時には，校医さんや他の専門家の協力が得られれば，その人たちとの対話や説明を聞くなどして専門家から直に学ぶ機会を用意することも可能である。あるいは，検査や測定に関連する自分の身体部位についての事前の観察，実施時の確認，事後の分析・考察などといった一連の作業を通して自己のからだの成長や健康状態の変化を再認識するような取り組みも，きわめて重要な学習（生きた学習）機会となりうる。第Ⅰ部でみた90年代の実践の多くとその後の宍戸・渋谷・山梨実践は，いずれもこれらの工夫を巧みに組み込んで取り組んでいる。

　ところで，これらの工夫を効果的に組み込むには養護教諭一人の努力ではいかんともしがたい。事前や事後の指導では，学級担任との連携と協同が不可欠であるし，実施時には，学校医（学校医，学校歯科医）やその他歯科衛生士など，健康診断に関与してくれる専門家の理解と協力が必須要件である。したがって，こうした人々との日頃の十分な連携やそれを可能にする条件整備が不可欠であることも確認しておく必要がある。

④子どもの意見・人権を大事にした健康診断

　健康診断に対する子どもたちの意見や要求を反映させて改善し，充実させることは，③で述べたように，健康診断への子どもの主体的参加の内実をつくり出すものであるが，同時に，「子どもの権利条約」の言うところの「子どもの意見表明権」を大事にすることにほかならない。たとえば，養護教諭や学級担任が子どもたちの意見や要求を聞くだけでなく，保健委員の子どもたちがクラスの意見や要求を聞き取ってきて保健委員会で健康診断のあり方について話し合うようにすれば，いっそうその趣旨は生かされることになる。前出の宍戸実践や山梨実践は，その実践的あり方を具体的に示唆している。

　また，健康診断は子どもにとってもっともプライベートな部分に立ち入る検査だけに，子どもの人権やプライバシーに十分に配慮した実施のしかたを心がける必要があることは，第Ⅰ部でも指摘したとおりである。従来の学校での集団健診は，その点での多少の乱暴さがあったことは否めない。その点で90年代における学校健康診断のプライバシー侵害をめぐる議論は，少なくともそうした無配慮な点を改める上で一定の成果を生みだしたといえる。

　しかしながら，人権侵害・プライバシー侵害を強調するあまり，健診自体を否定したり，検査・測定の意味をないがしろにするような実施のしかたは，かえって「子どものため」にならないことも念頭においておかなければならない。子どもたちにはしっかりした身体観を育てながら，必要なときには必要なところできちっとからだを開くことができ，その

ために安心してからだが開ける条件を整えることを要求できる自治の力を子どもたちに育てる必要がある。

　以上，「子どものための健康診断」の内実をなす4つの要件のそれぞれについてその具体的工夫の要点を述べてきたが，こうした工夫がそれぞれの現場で現実化するためには，すでに何か所かで触れたように，職場と地域における連携・協同の体制づくりと行政レベルの財政的裏付けが不可欠であることを付言しておかなければならない。

付表：戦後学校健康診断の歩み年表

年	健康診断等に関する法的事項	関 連 事 項 1	関 連 事 項 2
昭和24年(1949)	「学校身体検査規定」改正		
昭和29年(1954)		(財)日本学校衛生会から(財)日本学校保健会へ改称	
昭和33年(1958)	「学校保健法」制定 *身体検査から健康検査へ法的体制整備 第4条 就学時健康診断 第6条 児童, 生徒, 幼児の健康診断 　第3条（時期） 　第4条（検査の項目） 　第5条（方法及び技術的基準） 　第6条（健康診断票） 　第8条（臨時の健康診断） 　第8条の2（保健調査） 第8条 職員の健康診断		
昭和34年(1959)		保健体育審議会「児童生徒等の健康の保持増進に関する施策について（答申）」 II 施策 1 健康診断の項目および方法の改善 5 学校保健センター的機関の設置	日本学校安全会公布
昭和47年(1972)		(財)日本学校保健会、「学校保健センター的事業」開始	事業費補助2千万円
昭和48年(1974)	「学校法施行令・施行規則」の一部改正 *スクリーニング方法の採用		
昭和49年(1974)	「学校保健法施行規則」一部改正		結核予防法一部改正
昭和50年(1975)		健康診断調査研究会設置（高石委員長） *学校における健康診断の性格について検討	
昭和52年(1977)		2月、健康診断調査研究会「児童生徒の定期健康診断」報告書（昭和50,51年度報告）	
昭和53年(1978)	「学校保健法」一部改正に伴う「施行規則」 「施行規則」一部改正	2月、健康診断調査研究会「児童生徒の定期健康診断」報告書	
昭和57年(1982)	「学校保健法施行規則」一部改正		オージオメータに関わるJIS規格改正
昭和58年(1983)			臨調第五次答申（最終答申）
昭和61年(1986)			臨教審教育改革第二次答申
昭和62年(1987)		健康診断調査研究委員会設置（船川委員長）	
昭和62年(1987)		健康診断調査委：検査項目・方法・技術的基準について検討。	学校健康教育課へ編成替え
昭和63年(1988)	「学校保健法施行規則」一部改正	委員長論点整理	

年		
平成元年(1989)		健診調査委；健診の性格、保健調査、健診票の様式、検査項目、学校医による総合判定・助言、職員健康診断、職員の健康診断小委員会設置 10月、「学校保健法に基づく職員健康診断」発行
平成2年(1990)	「学校保健法施行規則」一部改正	健診調査委；「平成元年度 健康診断調査研究調査委員会報告書」発行（中間的まとめ） 3月、健診調査委；エックス線検討小委員会設置 8月より、新構成健康診断調査委員会で検討再開 11月第一次検討まとめのエックス線、小1実施義務をなくす 1)心疾患検査のエックス線、小1実施義務をなくす 2)尿検査に尿糖検査を加える 3)胸郭異常についての例示削除 4)スクリーニングとしての視力検査、1.0、0.7、0.3の3指標で 5)聴力検査、ご語法をやめて全てオージオメータによる
平成3年(1991)	「学校保健法施行規則」一部改正	平成元年度報告をもとに、健診項目について引き続き検討 エックス線検診小委員会設置 1)強陽性者、結核健康診断マニュアル作成小委員会の報告体制 2)結核健康診断マニュアル作成小委員会の設置 3)集団発生の報告体制 3月、「学校における結核管理マニュアル」発行（日本学校保健会） (財)日本学校保健会特定公益増進法人の指定を受ける（「学校における教育に対する助成」を主たる目的とする） 9月、結核予防法一部改正
平成5年(1993)		健診調査委；児童生徒の定期健康診断項目検討 3月、健診調査委；「平成5年度 健康診断調査委員会報告書」（第2次検討まとめ）発行 4月、上記報告書文部省体育局長へ提出 この報告書に対する都道府県・市町村教育委員会等の関係者から意見集約、さらに検討
平成6年(1994)		7月、健診調査委；「平成6年度 健康診断調査委員会報告書」（最終まとめ）保体審議会に提出 文部省、保健体育審議会学校保健分科審議会で審議了承
平成7年(1995)	12月、「学校保健法施行規則」一部改正 1月、文部省学校健康教育課「学校保健担当者会議」開催 4月より新健康診断実施	3月、「児童生徒の健康診断マニュアル」発行（日本学校保健会） 10月、改正「予防接種法」、「結核予防法」施行
		5月、労働安全衛生施行規則改正

● 編著者

編集
日本教育保健研究会健康診断プロジェクト編

著者（執筆順）

著者	所属	担当
藤田和也	（一橋大学社会学部）	1-1(1,2,4), 2-6, 3, 5
山梨八重子	（お茶の水女子大学附属中学校）	1-1(3), 2-3
宍戸洲美	（渋谷区立中幡小学校）	2-1
渋谷和子	（美瑛町立北瑛小学校）	2-2
岡部初子	（公立高等学校養護教諭）	2-4
布川百合子	（神奈川県立追浜高等学校）	2-5
佐藤理	（福島大学教育学部）	4
三浦正行	（立命館大学経営学部）	5

教育（きょういく）としての健康診断（けんこうしんだん）

© 日本教育保健研究会健康診断プロジェクト 2003

NDC374　160P　26cm

初版第1刷発行——2003年4月1日

著者代表————藤田和也（ふじたかずや）
発行者—————鈴木一行
発行所—————株式会社 大修館書店
　〒101-8466 東京都千代田区神田錦町3-24
　電話03-3295-6231(販売部) 03-3294-2359(編集部)
　振替00190-7-40504
　[出版情報] http://www.taishukan.co.jp

装丁者—————平　昌司
印刷所—————広研印刷
製本所—————司製本

ISBN4-469-26520-9　　Printed in Japan

Ⓡ 本書の全部または一部を無断で複写複製（コピー）することは、著作権法上での例外を除き禁じられています。